La vuelta a Europa en avión
Un pequeño burgués en la Rusia roja

Manuel Chaves Nogales
La vuelta a Europa en avión
Un pequeño burgués en la Rusia roja

Libros del Asteroide

Primera edición, 2012
Sexta reimpresión, 2023

Queda rigurosamente prohibida, sin la autorización
escrita de los titulares del *copyright*, bajo
las sanciones establecidas en las leyes, la reproducción
total o parcial de esta obra por cualquier medio
o procedimiento, incluidos la reprografía y
el tratamiento informático, y la distribución de
ejemplares mediante alquiler o préstamo públicos.

Copyright © herederos de Manuel Chaves Nogales

© del mapa y las ilustraciones, David Cauquil, 2012
© de esta edición: Libros del Asteroide S.L.U.

Reproducciones del *Heraldo de Madrid*: © Biblioteca Nacional de España

Publicado por Libros del Asteroide S.L.U.
Santaló, 11-13, 3.° 1.ª
08021 Barcelona
España
www.librosdelasteroide.com

ISBN: 978-84-92663-61-3
Depósito legal: B. 11.902-2012
Impreso por Kadmos
Impreso en España - Printed in Spain
Diseño de colección y cubierta: Enric Jardí

Este libro ha sido impreso con un papel ahuesado,
neutro y satinado de ochenta gramos, procedente de bosques
correctamente gestionados y con celulosa 100 % libre de cloro, y ha sido
compaginado con la tipografía Sabon en cuerpo 11.

Este libro ha recibido una ayuda a la edición del Ministerio de Educación,
Cultura y Deporte

Índice

Documentos: Las crónicas originales 9
La vuelta a Europa en avión
Un pequeño burgués en la Rusia roja 15
Prospecto 17
Desde Madrid al mar 23
Por tierras de Francia 35
Suiza y el internacionalismo 57
Panorama germánico 73
Diez mil kilómetros de vuelo sobre territorio ruso 107
Paseos por Moscú 122
Niños, mujeres, popes y tenderos 136
Policías, periodistas, soldados... 151
Desde Moscú al Cáucaso. Cómo se viaja por Rusia. 165
En los sanatorios del Sur. Los trabajos responsables. 173
La ciudad blanca y la ciudad negra de Bakú 184

En Georgia. A través de la cordillera del Cáucaso.
La misión civilizadora de los comunistas. 193

Los revolucionarios una vez hecha la revolución 205

Un español en Rusia: Ramón Casanellas 218

Una síntesis, seguramente arbitraria,
del panorama soviético 235

Todavía dentro y ya desde fuera 249

Una nación adolescente 259

La cabeza parlante o el verdadero monstruo
de las barracas del Prater 270

Venecia o la superstición del arte. La ruta
cumplida. 279

LAS CRÓNICAS ORIGINALES EN *HERALDO DE MADRID*

En 1924, Manuel Chaves Nogales comenzó a trabajar como redactor en el *Heraldo de Madrid*. En 1928, siendo ya redactor jefe, emprendió un ambicioso reportaje para este periódico: un largo viaje por Europa en avión que daría lugar a veintiséis crónicas aparecidas entre el 6 de agosto y el 5 de noviembre de ese año, a menudo acompañadas de fotografías aéreas de los lugares visitados. Estas crónicas fueron el germen del libro *La vuelta a Europa en avión. Un pequeño burgués en la Rusia roja*, publicado por la editorial Mundo Latino en 1929. Para su edición en forma de libro, Chaves incluyó textos que habían sido censurados en la prensa e incorporó otros inéditos.

A continuación, se reproducen dos anuncios en *Heraldo de Madrid*, aparecidos el 19 y el 20 de julio de 1928, sobre la inminente publicación de las crónicas y la primera de las entregas, del 6 de agosto de ese mismo año: «Desde Castilla al mar», en la que puede observarse su colocación en primera plana y la foto de acompañamiento.

DIECISEIS MIL KILOMETROS DE VUELO PARA "HERALDO DE MADRID"

Nuestro redactor jefe, señor Chaves Nogales dará la vuelta a Europa en avión

El *avión* de la compañía Ibería, en el que nuestro redactor jefe ha realizado su primera etapa: Madrid-Barcelona, Barcelona-Marsella.

Chaves Nogales ante la cabina del avión momentos antes de partir.
(Fotos Luque.)

La Prensa debe aprovechar cuantas facilidades informativas le proporcionan los adelantos modernos. El periódico actual no puede tener la fisonomía sedentaria de las hojas que leían nuestros padres. Las distancias han quedado virtualmente destruidas con la navegación aérea. ¿Por qué no utilizar este medio de locomoción, que tan bien se acomoda al dinamismo característico de la Prensa moderna? Nuestro compañero Chaves Nogales, que acaba de ser agraciado con el Premio Cávia, tan periodista, tan dinámico, poseído de tan vivas inquietudes, no podía menos de sentir esta obsesión tan nueva de salvar distancias, y, en efecto, ha emprendido el primer gran reportaje español de este tipo y uno de los primeros del mundo. Chaves va a recorrer en avión 16.000 kilómetros, lo que ya constituye un record periodístico de cierta consideración. En unas semanas visitará las principales naciones europeas y podrá trazar así en vivo una magnífica síntesis periodística de la nueva Europa, de la Europa de la postguerra, con sus afanes, sus luchas, sus costumbres, obteniendo un panorama único de esta gran época histórica de transición. Excusado es decir que Chaves Nogales servirá a los lectores de HERALDO crónicas frecuentes de los países que visite

HERALDO DE MADRID

Año XXXVIII.—Núm. 13.253 | No se devuelven los originales | Viernes 20 de julio de 1928 | Red. y Ad.: Marqués de Cubas, 7 | EDICION DE LA NOCHE

TEMAS ESTIVALES
MADRID, LA SIERRA Y EL ENCINAR DE EL PARDO

Si es verdad que las dudas son sonoras compartidas, sírvales de consuelo a los madrileños que sufren el kilo este verano de prueba el saber que no hay vida afortunada que ellos no habitantes de las demás grandes ciudades interiores, y aun de algunas costeras. Una ola de calor pasaba, se ha sentido sobre toda Europa. El termómetro alcanza en donde quiera temperaturas nunca vistas.

Pero si la temperatura no es más benigna con los vecinos de otras urbes que con nosotros, en otras cosas llevan, en cambio, ventaja. El único medio eficaz de librarse, aun cuando sea no soportablemente, de las inclemencias del verano en la ciudad es buscar el refugio del campo en los días de asueto. Un domingo en el campo conforta y da ánimos para afrontar durante la semana los rigores de la temperatura. ¿Y quién es vá al campo en Madrid? No parecen estadísticos; pero el hecho es de tal bulto que no hacen falta cifras para ilustrarlo. Sin duda, pueden verse unas cuantas familias merendando en la Dehesa de la Villa, y salen unos tantos llenos de viajeros para la Sierra; pero la cantidad esta resulta de todos son cantando seria pequeñísima en comparación con la gigantesca total de Madrid, aunque no costara, como excursionistas a los muchachos de servir y a los desprendidos de comercio que pasan la tarde bailando en la Bombilla o en las Ventas.

El espectáculo de un domingo estival en Madrid es algo insólito. A un inglés le dejaría boquiabierto y desconcertado. Los cafés y los cines, llenos de gente; en las puertas de las casas, tertulias de señoras gruesas que se alborotan con un ¡ay! ¡ay! ¡ay! ¡eso hijos del Cid tocando el violín en la plaza de Toros; en los talleres, racimos de muchachos como ñoños en un árbol; jóvenes colorados jugando al billar o haciendo con los barros sus picantes.

Como contraste nos limitaremos, a evitar dos datos. El domingo pasado salieron de Berlin al campo viajando de los millones de personas en tren, más de medio millón en tranvías y autobuses, 200.000 en el Metro otros tantos en barcos. Hágase la cuenta y se verá que no falta mucho para los cuatro millones largos de habitantes que tiene Berlin. Y...

Dieciséis mil kilómetros de vuelo para HERALDO DE MADRID

CHAVES NOGALES VA A RECORRER EN AVION APROXIMADA-MENTE LA MITAD DE KILOMETROS QUE EL COMANDANTE FRANCO EN SU VIAJE ALREDEDOR DEL MUNDO

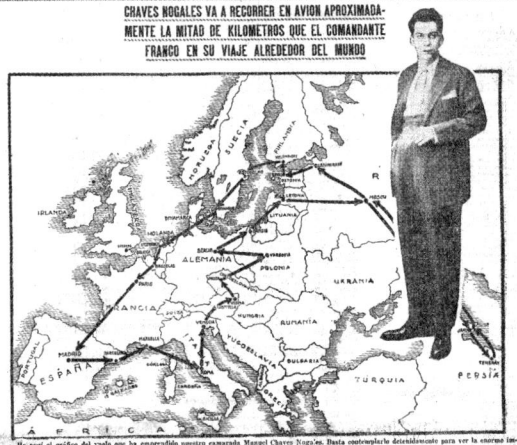

He aquí el gráfico del vuelo que ha emprendido nuestro camarada Manuel Chaves Nogales. Basta contemplarlo detenidamente para ver la enorme importancia que reviste.

Es este el reportaje más importante y más interesante que hasta ahora haya un periodista español fuera de la Península. El espíritu inquieto, eternamente inquieto de Chaves le ha llamado a esta aventura, que hasta hoy nadie había intentado.

Confiamos en que nuestro redactor jefe vencerá las dificultades y todos los obstáculos, las incidencias que ocurran, sus impresiones de los países que recorra, las irá dando a conocer en la serie de crónicas que empezará a publicar HERALDO dentro de unos días.

HERALDO DE MADRID

Año XXXVIII.—Núm. 13.267 — Lunes 6 de agosto de 1928 — EDICION DE LA NOCHE

ESTE NÚMERO HA SIDO VISADO POR LA CENSURA

LA INTERNACIONAL SOCIALISTA
EL CONGRESO DE BRUSELAS

LA VUELTA A EUROPA EN AVION

DESDE CASTILLA AL MAR

La Internacional Socialista celebra su III Congreso en Bruselas. La preside Emilio Vandervelde, una de las más nobles figuras de la política europea, veterano de los tiempos heroicos del socialismo.

Los socialistas belgas ofrecerán a sus camaradas de todos los países festejos y manifestaciones, que demostrarán su fuerza política, su autoridad creadora, su organización maravillosa.

Vandervelde podrá mostrar orgulloso la obra del partido bajo a los correligionarios que hace veinte años eran perseguidos, como él, en su propio de los países europeos. Hoy, solo los socialistas italianos y rusos censuran estas persecuciones. En otras partes el socialismo es respetado; sus líderes han sido ministros; cuenta con grandes núcleos parlamentarios; preside Cámaras, importantes Municipios; es la convicción de una fuerza real inherente en las deliberaciones del organismo sindicales. Los socialistas apoyan, sinceramente, a la demostración de la Sociedad de Naciones, Pero, como dijo Paul Boncour a sus camaradas franceses, la democratización no es fin en sí, que revolucionar del resto del mundo debe considerarse una rama del movimiento proletario. Y falta en labor de cada pueblo, la cabeza al Poder de los socialistas alemanes, de tiende a una mayor de franca socialista, es un ejemplo en favor de la tesis de Paul Boncour y en delante, el mayor movimiento...

El avión de la Compañía Iberia a bordo del cual hizo Chaves su primera etapa, Madrid-Barcelona, volando sobre Madrid.

NUEVO DESCUBRIMIENTO DEL ESTANQUE DEL RETIRO

Hasta ahora las visitadas se contribuían para sus viajes de baño. Yo puse un testo por pareja en la excursiones en una perspectiva corriente. Yo escucho en que dentro de tres o cuatro años las excursiones municipales de estudio público decrecerán la demolición de barrados enteros que hay son barrios hoy, vistas desde la manzana, plaza para que están las iglesias sobreelevadamente trae, vistas desde arriba.

Madrid es feo, está dominado por bloques. Esta mole de manchas escondidas en la llanura de sus impresiones poco grata. Todavía las barriadas modernas, con sus destruidos de medianería y sus terrazas, son toleradas por quien la viste Madrid de las barrios bajos, vista desde arriba, es una monstruosidad. No son esto techos inclinados. Le dolor perfectamente exhibido y habitable que hay en altas o en un segundo suelo, que las mares viven mejor que los vivas.

En Madrid sólo hay dos o tres casas gratas a vistas de pájaro; la Castellana, el Palacio Real, algunos frentes de la Puerta de Salamanca, las altas monumentales...

LAS ESCALERAS
HACIA EL MAR

Para bajar al mar todo lo hacemos hay unas servidumbres escalinatas. La tierra castellana sube ya una equidad resonado, que da una santuaridad escenográfica a estas escaleras, por las que se baja desde Castilla al mar. En el último tramo de esta escalinata, cerca del monasterio lejano, el mar.

EL MAR VENIDO A MENOS

Desde Valencia a Barcelona lo vemos enseñadose raramente como una cinta de vidrio esmerillado, en la que las olas son como una gran estrella. En el distante playa que no se considera importante al lado de las huertas rizadas, con hoy no es aquel mar de una y mitiga peregrinación. El Mediterráneo es un mar venido a menos.

TIERRA CATALANA

Hemos encontrado la primera zona artificial: lo es formando parmetarmente una alta chimenea, que todavía a muchos kilómetros de Barcelona anuncia ya el porche industrial de la Barcelonesa.

El suelo en esta zona es el Prat, y camino de Barcelona evacúa de paseo a un automóvil. Esta catalán que no lleva más que un pañuelo de un ademi, o de unas tierras culticadas.

—La tierra se bueno —nos dice— y los hombres la trabajan bien. El más parte de donde Prat a Barcelona no hay más que lo puesto construido por un partido, que nos corre más que donde está la paisana, con lecho no a un si que por Bordadillo Chaven...

No ha visto novia gentes con rosa vey y esto orgullo en Castilla.

MANUEL CHAVES NOGALES
Barcelona.

Mañana **Segunda crónica**

**La vuelta a Europa en avión
Un pequeño burgués en la Rusia roja**

Prospecto

Este libro, de naturaleza exclusivamente periodística, no aumentará en nada el acervo de la cultura contemporánea; no hay en él ni una idea nueva, ni nada que no se haya dicho antes por gentes autorizadas que utilizan prudentes y copiosas palabras. Sólo contiene noticias que procura divulgar fácilmente por la virtud prodigiosa de unas palabras, eficaces más que sabias. Es un libro periodístico: el traslado al volumen de la técnica del periódico. El autor, periodista, se ejercita en la técnica para la que se cree más apto, y acepta satisfecho las limitaciones que le impone su oficio, ese oficio que Trotsky llamó, certera y despiadadamente, oficio de «desnatadores de cultura».

Pero esta declaración de límites y petición de fuero exige unas aclaraciones imprescindibles aquí en España, donde todo es ilimitado y desaforado y donde casi nadie sabe su oficio. Esto de obra periodística, al no profesional, y aun a muchos profesionales, se les alcanza difícilmente. Para la gente, hay sólo el literato o el científico que escribe en los periódicos al que se respeta —se entiende por respetar el no leer—, y el antiliterato o anti-

científico, es decir, el reportero, una especie de agente iletrado que acarrea noticias. Ésta es opinión, no sólo del vulgo, sino de hombres como Baroja, que establecía aquella injusta división de «periodistas de mesa» y «periodistas de patas». Esto acaso fue cierto en el periodismo del siglo pasado, cuando los campos no estaban deslindados como hoy y en las redacciones había unos tipos de literatoides o politicoides que querían ser académicos o directores generales sin fuerzas para ello y que navegaban al socaire del periódico, asistidos por unos pobres diablos menesterosos que les llenaban las hojas, aportando noticias redactadas con una prosa auténticamente vil que se retribuía con setenta y cinco pesetas de sueldo al mes y una especie de patente de corso. El periodismo no es esto. Parece mentira que aún sea necesario decirlo. Pero todavía, cuando se habla de virtudes periodísticas, la gente que es incapaz de aquilatarlas, piensa en virtudes embozadamente literarias, científicas o filosóficas. Y no es eso.

Aquel buen hombre analfabeto que antes iba a los ministerios a recoger las notas oficiosas no tiene entrada hoy en las redacciones. Tampoco tienen nada que hacer los literatos y los hombres de ciencia al viejo modo, aquellos caballeros necios y magníficos que creían estar haciendo labor creadora o investigación seria cuando se sacaban artículos de la cabeza sobre todo lo divino y lo humano entre el reparto de una edición a los suscriptores y el cierre de otra. No se ha fijado bien la atención en lo incorrecto, lo incivil y antieuropeo que era el articulista clásico que todas las mañanas ponía el paño al púlpito y discurseaba a su albedrío. ¿Por qué? El nivel de la cultura media del lector de periódicos es el mismo del señor que hace los artículos. Imagínese lo grotesco que sería un tipo que por las mañanas se introdujese en nuestro despacho y, sin título ninguno para ello, se pusiese a hablarnos ex cathedra, *hoy del concepto de protectorado civil, mañana del problema de las deudas de la guerra, pasado mañana del moderno arte ruso. «¿Usted por qué opina? —le preguntaríamos—. ¿Es que una elemental destreza verbal le autoriza para agraviar a unos cuantos miles de lectores que tienen por lo menos una cultura equivalente a la suya?» En definitiva, eran unos negros catedráticos que escribían para un público de negros. El público lector no es esa masa semianalfabeta a la que cualquier cosa que se le eche será buena. Sería curioso conocer la opinión del lector medio sobre ese señor articulista (Fulano, Mengano o Zutano) que todas las mañanas le mete por debajo de la puerta sus impertinentes prosas.*

Para ponerse a escribir en los periódicos hay que disculparse previamente por la petulancia que esto supone, y la única disculpa válida es la de contar, relatar, reseñar. Contar y andar es la función del periodista. Araquistáin, en su viaje a las escuelas de España, Álvarez del Vayo, en sus frecuentes excursiones por el panorama espiritual de Centroeuropa, y algún otro son claros ejemplos de este periodismo nuevo, discreto, civilizado, que no reclama la atención del lector si no es con un motivo: contarle algo, informarle de algo.

Claro es que ésta no es la única misión del periodista, ni siquiera la más importante. Pero es la única que puede uno proponerse si no quiere sentar plaza de mixtificador. El periodista tiene otra función superior, que es la de servir de intermediario de lo espiritual entre el crea-

dor o investigador y las grandes masas; pero esta facultad transmisora no depende de un deliberado propósito, sino de una aptitud, con la que no cabe contar de antemano. El articulista que coge desvergonzadamente a Einstein y se dispone a hacer una exégesis de la teoría de la relatividad a la medida del lector es, también, un negro catedrático que no conseguirá otra cosa que aburrir a su público con unos insoportables folletones. Hay, sin embargo, un momento en el que un periodista de cierta espiritualidad, saturado de einsteinianismo, puede llegar a decir la palabra mágica sobre la relatividad, la palabra inteligible para la gran masa, con la que el creador está absolutamente incomunicado. El conde Hermann Keyserling fija exactamente la naturaleza de esta función periodística en unos agudos párrafos de su libro El mundo que nace.

«El verdadero intermediario de lo espiritual —dice— no es hoy el autor de gruesos libros, sino el periodista. La mayor parte de las gentes cree haber concedido a este hecho suficiente atención sólo con lamentarlo. Mas con ello demuestra su culpable superficialidad. Cierto que hasta ahora la técnica periodística sirve rara vez al mejor espíritu. Pero eso no quita para que sea hoy la técnica más capaz de rendimiento. Muy pocos son hoy los que tienen tiempo y gusto para la lectura de libros voluminosos. Lo que sea digno de ser conocido ha de presentarse a la mayor parte de los hombres en forma lo más breve e impresionante posible para que penetre en ellos. Y esta circunstancia, en verdad, no demuestra superficialidad en los lectores, sino un grado más alto de desarrollo espiritual. Quien con dos palabras entiende ya de lo que se trata es superior al que necesita

grandes explicaciones, como el que encuentra una expresión de cuño claro es superior al que se expresa en forma circunstanciada. Que las dotes periodísticas no significan en sí mismas una menor valía, lo demuestra el hecho de que todos los grandes hombres de Estado, sin excepción, han aplicado con maestría los métodos periodísticos para manejar las muchedumbres y de que los directores más capaces de nuestros tiempos proceden del periodismo. El talento periodístico no significa sino capacidad de expresión breve, precisa, eficaz. ¿Qué otra cosa sino estas dotes caracterizó siempre a los más capaces de acción, entre los espíritus más profundos de todos los tiempos, ya fuesen reyes o sabios? ¿No eran todos, en este respecto, si no periodistas, por lo menos superperiodistas?»

Y más adelante:

«Quien pensando que sólo el conocimiento puede redimir al mundo actual espera que en el porvenir llegarán a tener una significación superior ciertos nuevos sistemas o teorías filosóficas o, en general, libros gruesos que no dejen nada por decir; quien así piensa demuestra una total incomprensión. Por el contrario, tales trabajos significarán cada vez menos; en adelante serán sólo la preparación del material para poderosas expresiones mágicas: su hora histórica pasó ya.»

Estas consideraciones y estas citas nada periodísticas que me permito hacer por una sola vez, y acogiéndome a las prerrogativas del libro en que accidentalmente toma forma mi trabajo de repórter, no van encaminadas a convencer al lector, ni siquiera a convencerme a mí mismo de que yo haya encontrado esa palabra mágica de que habla Keyserling, sino a reiterar el verdadero sentido de la obra periodística, tan poco claro en España. No quiero que se me atribuya un propósito superior a mis fuerzas ni tampoco que cualquier ideólogo celtíbero, al ver que echo por delante la palabra «periodístico», se crea que pretendo ponerme bajo un pabellón de insolvencia y despreocupación que a nada compromete.

No aspiro a que cuanto digo tenga autoridad de ninguna clase. Interpreto, según mi temperamento, el panorama espiritual de las tierras que he cruzado, montado en un avión, describo paisajes, reseño entrevistas y cuento anécdotas que es posible que tengan algún valor categórico, pero que desde luego yo no les doy. Admito la posibilidad de equivocarme. Mi técnica —la periodística— no es una técnica científica. Andar y contar es mi oficio. Alguna vez, lleno de buena fe y concentrando todas las potencias de su alma, uno se atreve a pronunciar la palabra mágica de Keyserling. Desgraciadamente, uno dice «sésamo» y la puerta no se abre.

Pero esto es tan consuetudinario que no hay por qué entristecerse ni avergonzarse. Uno se mete las manos en los bolsillos y se va.

Desde Madrid al mar

El avión de la Deutsche Luft-Hansa que, partiendo de Getafe, va a llevarnos a Barcelona, primera etapa de este viaje por Europa, hace rodar lentamente sus pesados neumáticos sobre la hierba del aeródromo. Esta rueda enorme que gira cada vez más vertiginosamente al costado de mi ventanilla, aplastando los surcos, es, para mí, un claro ejemplo. El voluminoso disco de caucho va ganando velocidad con un dramático anhelo de conseguir ingravidez. Su esfuerzo para despegar es heroico. Cuando al fin llega el momento en que pierde el penoso contacto con los terrones, la hazaña parece milagrosa. Nunca he visto tan claramente reproducido el mecanismo espiritual. Sea éste un ejemplo diáfano del patético esfuerzo que hay que hacer para remontarse a una altura desde la que sea posible otear siquiera el panorama espiritual de Europa.

El tiempo es aviador. Ha hecho su aparición en Alemania el avión-taxi que vuela en la dirección que le marcan sus alquiladores, con arreglo a la tarifa de un marco treinta y cinco pfennigs por kilómetro; en Francia se establece cada día una nueva línea comercial; hay aviones-restaurantes y aviones-camas; una gran fábrica alemana está ensayando la construcción de un avión gigantesco, en cuyas alas inmensas irán alojados cuarenta o cincuenta pasajeros que podrán bañarse, comer, dormir y pasearse en el interior del monstruoso pajarraco… Esto, de una parte. De otra, los grandes *raids*.

Todos los días nos llegan agudas sugestiones aeronáuticas. La navegación aérea no es ya una actividad hermética reservada a unos cuantos héroes y a un pequeño núcleo de profesionales, sino que nos arrastra a todos, desde el gordo y prudente mercader que utiliza las líneas regulares de aviación para ultimar sus negocios, hasta el turista, el político, el cómico y el escritor.

Las cosas son de otro modo desde arriba, y nadie ha dicho todavía cómo sean. El aviador profesional, el que ya tiene mente y cara de aviador, sabe que el mundo no es como lo suponen quienes andan arrastrándose por su corteza. Pero no acierta a decir cómo es. Para eso hace falta que vuelen a diario hombres en otras actividades: literatos, pintores, escultores, arquitectos, músicos. Se podría asegurar que si estos hombres fuesen al mismo tiempo aviadores, harían otras novelas, otras sinfonías, otros cuadros y otras estatuas bien distintos de los que hacen hoy.

El tiempo es aviador y hay que hacerse un poco aviador. Una buena butaca y un cigarrillo a dos mil metros de altura, en el interior de uno de esos confortables aviones modernos, puede transformar la estética contemporánea más hondamente que cien polémicas a ras de tierra.

El paisaje lo ha ido construyendo —interpretando— el hombre a lo largo de los siglos, según su visión puramente horizontal. Pero visto ahora vertical u oblicuamente, el viejo paisaje del terrícola repugna a la mirada del aviador. El mundo es feo desde allá arriba; feo y mezquino. Cuando vuelen diariamente millares de personas se irá modificando la estructura de las casas, las ciudades y los campos. Una ciudad vista desde un aeroplano pierde toda su gracia y su sentido horizontales.

En un viaje aéreo, lo primero que salta a la vista es la despoblación. Pasan bajo el aeroplano kilómetros y kilómetros de corteza terrestre sin un vestigio de vida, y se tiene la impresión de estar volando sobre un planeta deshabitado. Se ve la tierra intacta, inexplorada, aburriéndose en la espera inútil de gandules a quienes mantener. Abarcando de una sola mirada un panorama de centenares de kilómetros, en los que apenas se divisa una casita perdida, se ve que este gran queso que es el planeta está apenas empezado. Somos pocos; cabemos más, muchos más. El hombre no ha tomado posesión de la tierra más que porque se la ha repartido teóricamente.

Muy de tarde en tarde se ve, como una esponja, un pueblo. La fuerte cohesión de sus calles, el color amarillento de sus tejados y sus viviendas amontonadas le hacen ser exactamente como una esponja. En la inmensidad deshabitada, esa aglomeración súbita de gentes que es un pueblo da la impresión de que el hombre, en los miles de años que lleva sobre la faz de la tierra, no haya conseguido salir todavía de una vida rudimentaria de animal perteneciente a las especies inferiores. Desde una altura de dos mil metros se ve que tenemos sobre la Tierra la misma fórmula primaria de existencia social que las esponjas en el fondo de los mares.

La Tierra —esto se ve en seguida— no es nuestro domicilio natural. La Tierra es una vieja calva, fea, llena de arrugas, basta y grandota, con la que no puede uno entenderse. Más que nuestra madre la Tierra, es nuestra tía la Tierra; nuestra tía abuela.

Cuando se la mira atentamente a una distancia adecuada, se advierte que es demasiado vieja para ser nuestra madre; no nos forjemos ilusiones; no somos sus hijos. Seguramente ella no nos considera más que como una despreciable degeneración de su descendencia. Sospecho que, mejor que con nosotros, se entendía esta vieja gruñona con aquellos animales fabulosos de ochenta o cien metros, aquel mamut y aquel ictiosauro prehistóricos a los que debió acoger en el regazo de sus valles más amorosamente que a nosotros. A nosotros nos tolera por desidia; es una vieja sucia que por no sacudirse aguanta este enjambre de piojos que es la humanidad.

Cuando viajen todos en avión se tendrá otro concepto de las cosas. Hay que ir haciendo un «modo aviador». Hasta ahora, el hombre, cuando volaba, no hacía más que maravillarse; tenía un aire maravillado de ave de corral a la que súbitamente le hubiesen nacido unas potentes alas. Y se limitaba a cantar el prodigio del vuelo con ese cacareo que han tenido hasta ahora todos los cantores del aire, incluso D'Annunzio, más gallina asustada y cacareante que nadie. El «modo aviador», el sentido cotidiano del vuelo, es cosa que empieza a formarse ahora. Es preciso que viajen en avión todos, los tenderos y los canónigos y las amas de cría. Mientras la acción de volar no sea universal no haremos nada. Ejemplo: la lección de fluida persistencia que nos da la estela de un buque en el mar. Esa cosa movediza y cambiante que son las aguas del mar al abrirse tiene, vista desde el avión, una fijeza indestructible. La estela de un buque en el mar es la cosa más duradera, más permanente y exacta del mundo. Mientras los horteras no digan a sus amantes, como símbolo de firmeza, que serán tan constantes como la estela de un barco en el mar, no habrá triunfado el «modo aviador»; las incorporaciones de la acción de volar a la sensibilidad humana.

Ya hay bastantes aportaciones. La aviación ha empequeñecido el mundo. Terminará por transformar radicalmente el sentido que de él teníamos. La Tierra, hasta que los aviones empezaron a surcarla, no tenía la medida de lo humano. Era demasiado grande para nosotros, que de hecho habíamos de sentirnos en ella como ratoncitos perdidos en alguna sala de un inmenso palacio. Hoy hemos tomado posesión de ella y ya podemos poner en nuestras tarjetas de visita, sin ninguna prosopopeya «Fulano de Tal, habitante del planeta Tierra». Esto era lo que nos faltaba: tomar posesión auténticamente.

El hombre civilizado no estaba satisfecho mientras no le fuese posible recorrer íntegramente su dominio, pero sin riesgos ni heroísmos, y en poco tiempo. Era necesario saltar de uno a otro continente con la misma sencillez con que se pasa de una habitación a otra dentro de casa.

Ya sé que ésta no es una necesidad cotidiana. Para vivir bastan unos metros cuadrados de tierra; pero éste era un problema previo de soberanía. El emperador no conoce seguramente sus estados y ni siquiera los salones de su palacio; le basta con un cuartito donde tiene una cama, una mesita y un rayo de sol. La vida no exige más. Pero para sentirse emperador, para serlo, ha de satisfacer esta necesidad espiritual de tener bajo su planta sus estados. No hace falta que los recorra; le basta con poderlos recorrer.

Esto es lo que, gracias a los aviones comerciales, puede hacer hoy el hombre en su planeta.

Todos los esfuerzos de la humanidad han sido para esto: para que yo ahora, sencillamente, sin ninguna molestia ni heroicidad, me acomode en un butacón de la confortable cabina de uno de estos pajarracos metálicos y salga a dar la vuelta a Europa en unas cuantas jornadas con mi estuche de aseo, unas camisas, unos pijamas y unos libros. Los quince kilos de equipaje reglamentario. No se necesita más.

Hasta ahora las ciudades se construían para ser vistas de lado. De aquí en adelante habrá que pensar en las exigencias de la perspectiva vertical. Yo confío en que dentro de unos años, las comisiones municipales de ornato público decretarán la demolición de barriadas enteras que hoy nos parecen bien vistas desde un mismo plano, pero que serán feas, intolerablemente feas, vistas desde arriba.

Madrid es feo; está demasiado poblado. Este millón de manchegos apelotonados en la llanura da una impresión poco grata. Todavía los barrios modernos, con sus festones de verdura y sus terrazas, son tolerables, pero el viejo Madrid de los barrios bajos, visto desde arriba, es una monstruosidad. Así son casi todas las ciudades. Lo único perfectamente grato y habitable que hay en ellas es el cementerio. Desde arriba se tiene la impresión de que los muertos viven mejor que los vivos.

En Madrid sólo hay dos o tres cosas agradables a vista de pájaro. La Castellana, el palacio real, algunos sectores del barrio de Salamanca, las plazas de toros, la Ciudad Lineal y el estanque del Retiro. ¡Qué bien hace con sus aguas intensamente verdes encuadradas por las líneas blancas del monumento que lo cobija en medio de esta paramera y rodeado de estos tejados rojos de Castilla como coágulos de sangre! No vale tomarlo a broma. Hemos hecho el descubrimiento del estanque del Retiro. El auténtico mar de Madrid. Sólo por él tiene Madrid un poco de gracia.

Madrid es un milagro. No se comprende cómo ha surgido en medio de esta horrible paramera. La vista se cansa y el espíritu se fatiga al revolotear sobre esta desolación de la provincia de Madrid. Ni una granja, ni un campo de labranza, ni un hombre… De vez en cuando, como un hormiguero, un pueblo. Y así en toda la extensión de cien kilómetros que se abarca desde dos mil metros de altura. Desde Madrid hasta que se pasa la paramera de Molina hay una faja espantosa de desolación, sin árboles, sin agua, sin habitantes.

No tengo ninguna admiración por los héroes de la independencia nacional; los he mirado siempre con un poco de prevención; desde Viriato hasta Agustina de Aragón.

Ahora, volando sobre la tierra aragonesa, me los explico un poco. Esta tierra es como ellos: demasiado fuerte, demasiado abrupta, demasiado cortada a pico. Estas barbacanas y estos torreones naturales tenían que dar hombres así. La principal virtud del aragonés es lo bien enraizado que está, el sabor a tierra que tiene; son como tierra de esta tierra un poco cruda todavía. Lo mejor que pueden ser es eso: héroes de su independencia. Lo serán siempre, como lo son sus montañas y sus torrenteras. Cuando el vasto mundo esté totalmente conquistado, ganado para la causa de la civilización, cuando hayan perdido su independencia las selvas tropicales, los mares del Ecuador y los hielos del Polo, aún quedará cerril, indómito, este rincón abrupto de España. Nuestro avión, que brilla al sol entre las nubes, debe pasar un poco asustado sobre estos peñascales de Albarracín, Cucalón y Gúdar, que le amenazan con sus agudos cuchillos de piedra.

Para bajar al mar desde la meseta hay unas suntuosas escalinatas. La tierra catalana tiene ya un amable color rosado que da una suntuosidad escenográfica a estas escaleras por las que se baja desde Castilla al Mediterráneo. En el último tramo de esta escalinata, como un acontecimiento lógico, el mar.

El Mediterráneo es un mar venido a menos. Es el mar de una civilización ya superada que tenía otro concepto del tipo humano. Mar para héroes clásicos que los héroes modernos desdeñan.

Desde Valencia a Barcelona le vemos extenderse suavemente como una lámina verde de vidrio esmerilado en la que las olas son como una granulación. En la dilatada playa que es toda la costa levantina, la buena gente pesca, se baña o toma el sol, sin conceder importancia al mar de los héroes clásicos, que hoy no es capaz de tentar a ninguna heroicidad. El Mediterráneo es un mar venido a menos.

Hemos encontrado la primera nube artificial. La va formando pacientemente una alta chimenea que, todavía a muchos kilómetros de Barcelona, anuncia ya el poderío industrial de la tierra catalana.

El avión se posa en el aeródromo del Prat, y camino de Barcelona cruzamos su espléndida huerta en automóvil. Este catalán que nos lleva está muy orgulloso de sus coles, de sus melones y de toda su tierra catalana.

—La tierra es buena —nos dice—, y los hombres la trabajan bien. ¡Si nos ayudasen los gobiernos de España! Ya ve usted, para ir desde el Prat a Barcelona no hay más que un puente, construido por un particular. Cada vez que pasamos se nos cobra una peseta. Menos mal que el propietario del puente quiso dejar fama de filántropo, y lo que nos cobra a nosotros se lo deja a los pobres, por mano, claro es, de los curas.

El hombre se lamenta y suspira. Está disgustado de todo menos de su tierra, la tierra catalana que tanto ama. No he visto gentes con este amor y este orgullo en Castilla.

Sobre la gente catalana hay muchos y tradicionales errores. El primero, el de su dureza. No es dura ni agria esa buena gente, que con un aire amable y gracioso discurre por las Ramblas discutiendo a veces, es verdad, pero con ese verbo pintoresco y divertido de la gente mediterránea.

Se ve en seguida que el fondo de la ciudad, su gran masa de habitantes es una gran masa de menestrales de vida honesta, gente trabajadora y sencilla de un reciente origen campesino, contenta y satisfecha de su vida y de su tierra. De vez en cuando, por entre esta multitud sencilla y un poco aldeana, atraviesa las Ramblas una jovencita con la falda por el muslo y un airecillo centroeuropeo muy gracioso. Pero es igual. El cosmopolitismo, el barrio chino, el distrito quinto, el puerto, son los aspectos menos interesantes de Barcelona. Lo cierto es lo otro.

El catalán es tradicionalista. Por encima de esos libres juegos de la inteligencia a los que se entrega, ama la tradición. Conserva a fuerza de restauraciones —afortunadas unas, desdichadas otras, las más recientes, las de la época de la Dictadura—; todo un barrio gótico sirve de fondo al escenario donde se ha desarrollado la pugna de la espiritualidad catalana en los últimos cincuenta años. Ahora, la lucha está sólo latente. Se ha decretado que no hay espiritualidad catalana, y sólo se ve el fondo gótico de su escenario vacío, en el que campean los anagramas de la realeza y las lápidas a los militares. Cuando estuve, iban a quitar un pequeño busto de Prat de la Riba que quedaba por allí.

Hay una estampa clásica de puerto mediterráneo que se da maravillosamente en la Barcelona con sus tabernas llenas de gente, sus puestos de fritanga, sus calles oscuras, su vino en porrón y sus munchetas. Los vecinos duermen al fresco en las aceras. Una muchedumbre en mangas de camisa come, bebe y ríe escandalosamente, meridionalmente. Entran en la taberna la amante de un futbolista famoso, un torero, uno que está fichado por la Policía… En un rincón, mientras una docena de catalanes se come una ensalada, hay otro que toca con sordina su acordeón: *Els Segadors*, *La Santa Espina*.

Uno del somatén mete las narices por el portal y olisquea.

¿Y este desapoderado amor por la literatura? Buena o mala, actual o pretérita. A la literatura. Ya de madrugada nos hemos encontrado a Rusiñol, que va renqueando penosamente. Rusiñol —me dicen— hace una vida incorregible de literato. Hace poco estuvo muriéndose. Y no cambia. Se toma todos los días dos ajenjos y no se acuesta hasta las cinco de la madrugada. Esta semana, a pesar de todo, ha escrito dos comedias. Verá usted, el argumento de una de ellas es el drama de una muchacha que se echa a la mala vida y tiene una hermana monja…

El Ateneo Barcelonés tiene un patio maravilloso; maravillosamente catalán. Tiene, además, una magnífica biblioteca, unos salones suntuosos, unas estatuas grandes; pero no he querido ver bien más que este maravilloso patio con su aire deliciosamente provinciano, lleno del buen sentido y de regusto de la vida. A pesar del esfuerzo de los intelectuales catalanes hacia la universalidad, este rincón tiene un claro sentido de provincia. Hay, refugiados aquí, esos tipos absurdos de gente ida y desorbitada, esos monomaníacos tan de provincias, tan de biblioteca de casino provinciano; el cura que no cree en Dios, el hombre que pasa diez horas diarias haciendo combinaciones para jugar teóricamente a la ruleta y ganar, el que se copia todos los días una página del *Diario de Sesiones del Congreso*...

Lo más grato en el dédalo de la proteiforme espiritual catalana es este patio tan provinciano, tan lleno de sentido, tan exacto...

Otra vez en el avión, camino de Marsella, echo una ojeada sobre la ciudad, queriendo abarcarla toda. Entre la montaña y el mar, Barcelona extiende su dilatado caserío por la huerta feracísima. Este catalán bien plantado con sus alpargatas y su barretina, este catalán fuerte y macizo no puede estar quejoso; lo tiene todo: el mar, la montaña, la ancha vega, el puerto, las fábricas, la huerta. Por eso está lleno de sentido.

Por tierras de Francia

En el aeródromo del Prat, ante el avión que ha de conducirnos, el piloto y el radiotelegrafista consultan las indicaciones meteorológicas que acaban de recibir sobre el estado de la atmósfera en el trayecto hasta Marsella. Hay un poco de tormenta en el Pirineo y el avión tiene que ir subiendo y bajando constantemente para esquivar las corrientes de aire y las nubes.

Al despegar, el avión cruza petulante sobre Barcelona, que se extiende ancha y plena a la orilla del buen mar. Pronto queda atrás el gran hormiguero, y este buen mar Mediterráneo, antes tan llano y humilde, a medida que avanzamos se va enroscando y creciendo. La costa llana, es ahora costa brava y difícil.

Súbitamente, por un boquete de las nubes descubrimos el Golfo de Rosas, puerto ancho por el que quiso entrársenos a raudales en la hosca Península la vieja cultura clásica. No sé si es exactamente una impresión directa del paisaje o más bien una sugestión literaria anterior, pero la luz de esta mañana en el Golfo de Rosas tiene una diafanidad mayor que nunca.

En lontananza, las últimas estribaciones de los Pirineos Orientales bajan a bañar su cola en el mar, asemejándose a esos paquidermos que en los parques zoológicos nos recuerdan cómo debían de ser los animales antediluvianos. El terreno montuoso es, visto desde el avión, como un fabuloso plesiosauro.

Poco a poco vamos metiéndonos en la zona tormentosa. El viento viene a chocar contra nuestro avión heroicamente. Es curioso advertir cómo para el navegante del aire la atmósfera no es esa cosa vacua, sin sentido, que es para el terrícola. El aviador sabe las cosas que hay en el aire; las mil cosas sorprendentes que cuando todos sean aviadores exigirán, si no un nuevo sentido, una agudeza mayor de la que tenemos para poder advertirlas. Los baches, las corrientes de aire, las zonas de menor densidad, los remolinos, las trombas, toda una complicada mecánica aérea puebla la atmósfera que antes creíamos diáfana y vacía.

Ya en pleno Pirineo, la tormenta nos alcanza. Las nubes se precipitan furiosas sobre el aparatito que se les entra valientemente por la panza negruzca. Hace falta una gran decisión para meterse nube adentro. La nube es como una gran humareda, y cuando nos metemos en ella, tenemos la misma sensación de habernos metido de cabeza en un incendio.

Huyendo del seno de la nube, el avión gana altura con arremetidas valientes del motor. Se ha borrado por completo la tierra. Esto tiene ya un aspecto curioso de paisaje sideral, tal como nosotros podemos concebir lo sidéreo hemos superado las nubes y las vemos correr insensatamente debajo de nuestra máquina. A veces, entre sus desgarrones, aparece la mancha clara de la tierra o la mancha verde del mar, sobre las que se proyectan las sombras de estas nubes que bajo nosotros corren empujadas quién sabe con qué designio.

Cada vez se cierra más y más el horizonte. Llega un momento en que no hay solución de continuidad entre las nubes. Toda la porción del planeta que puede abarcarse desde la altura del avión está algodonada, cubierta totalmente por este algodón sucio de los nubarrones. Nuestro motor se abre paso lentamente; sus gruñidos isócronos parecen descubrir ya un poco de jadeo, y el piloto lo vigila y lo fuerza a seguir. La resistencia del viento se me antoja insuperable. Subimos hasta no poder más. Allí no son tan densas las nubes, pero la fuerza del viento es mayor. Desbaratadas por el ventarrón, las nubes pasan a nuestro costado como lanzas tendidas contra un invisible enemigo.

La tormenta está muy alta y hay que intentar el paso por debajo. El piloto pica la proa del avión y nuevamente nos zambullimos en la gran masa de vapor de agua; durante unos minutos navegamos perdidos en la panza del nubarrón. De improviso, se abre un jirón en la niebla por el que asoma siniestro el gran cuchillo de piedra de una montaña demasiado próxima. Más que el viento y el mar, es la tierra nuestro enemigo.

Cada vez son más frecuentes los jirones verdes y azules en la masa vaporosa. Al primer rayo del sol que alancea la tormenta, nuestro aparatito brilla gracioso como un juguete. Sus piezas niqueladas y su ala metálica juegan alegremente con el sol. ¡Qué grata esta alegría radiante de nuestra maquinita con sus cueros primorosos, su tapizado impecable y el brillo de sus cobres en este paisaje sideral que va hendiendo inalterable, como si jugara!

Camina el viento barriendo las nubes a nuestra espalda y lanzándolas como flechazos. Nos apartamos de las anchas fauces del mar y volamos ya sobre tierra francesa. Cuando el ámbito queda limpio y oteamos el paisaje, se ha operado en él una de esas maravillosas mutaciones de decoración que tanto sorprenden al viajero del aire.

Contemplamos ahora una planicie inmensa, irregularmente dividida en pequeñas porciones donde se dan todas las tonalidades del verde al amarillo. Es el campo de Francia. De trecho en trecho se alzan las granjas, las innumerables granjas que toman posesión efectiva de esta tierra próvida del Mediodía francés. El viejo tema de la diferencia del paisaje español y el paisaje francés se me suscita ahora vivamente, obligándome a la reiteración. He aquí un pasaje humanizado, sencillo, confortable, como muy raras veces puede contemplarse en España. El Garona riega cómodamente la dilatada planicie, y se ve en seguida que aquí la vida no puede tener ese sentido dramático que le dan los roquedales aragoneses, la dura meseta castellana o la reseca Andalucía.

Volamos ahora plácidamente. Pero acaso el motor ha trabajado demasiado y empieza a fallar. Sus gruñidos no tienen ya esa isocronía que tanto tranquiliza y tanta seguridad da al viajero. Gruñe con intermitencias y cada vez parece más dispuesto a dimitir. Empieza a notarse un fuerte olor a caucho quemado, y el piloto y el mecánico luchan un momento por conservar la marcha y la altura, pero finalmente se disponen al aterrizaje forzoso.

Estamos todavía a gran altura y puede escogerse el sitio donde ir a caer planeando. Lo único disponible que tenemos a la vista es un campito de trigo recién segado.

Es lo único abordable entré la inmensa masa de follaje y la exuberancia de las viñas. No tendrá este campito sesenta metros de largo; mientras bajamos sobre él en espiral, nos intranquiliza un talud que hay cerrándolo. El piloto hace su maniobra y yo me amarro prudentemente a mi butacón. A motor parado, el avión va perdiendo altura para posarse en el pequeño espacio de que disponemos con la menor violencia posible. Pero aquello es demasiado pequeño. Entramos rozando las copas de los árboles que marcan la linde y tocamos tierra violentamente. El avión salta sobre su tren de aterrizaje y se precipita raudo fuera de nuestro improvisado aeródromo. Súbitamente un formidable golpe; cruje la caja metálica de la cabina, hay un estrépito de cristales y saltamos en nuestros asientos hasta dar con la cabeza en el techo. Miramos entonces por la ventanilla. El avión está empotrado en una zanja de metro y medio de profundidad que separa nuestro campo de aterrizaje de una viña colindante. ¡Cochino espíritu de propiedad de los franceses! No les basta con tener fijadas sus lindes en el registro de la propiedad; por poco no nos dejamos los sesos en esta zanja.

Las aspas del avión se han hundido en una cepa cargada de racimos, y uno de los brazos levanta en alto, como un trofeo, un gajo de uva gorda y verde.

Salimos de la cabina, salvamos la zanja y esperamos a unos campesinos que llegan a todo correr desde una granja próxima. El primero que se nos aproxima es un mocetón cetrino, bien plantado.

—¿Dónde estamos?

—Cerca de Vendres. A veinte kilómetros de Bezieres. ¿Es usted español?
—Sí. ¿Y usted?
—También; soy prófugo.
Ha llegado ya un grupo nutrido de campesinos.
—Éste —me dice el que llegó primero— es también español; y también prófugo. Y éste. Y éste...
Hasta una docena de entre los veinte trabajadores del campo que han acudido son españoles y prófugos o desertores.
—¿Tendrán ustedes ganas de poder ir a España? —les pregunto mientras fumamos un cigarrillo.
—Psé; aquí se vive bien. Aquello era más duro. Más trabajo, menos que comer, pocas mujeres... Por lo demás, sí, nos gustaría poder ir...
Mientras llega el auto que hemos pedido a Bezieres, descansamos unos minutos en una granja próxima. En torno nuestro, ante unos grandes vasos de vino tinto y áspero, se reúnen hasta dos docenas de braceros. Son españoles en su mayoría. Brava gente que emigra de nuestro país buscando un poco de bienestar, este pequeño bienestar del trabajador francés que no hemos sabido dar todavía al trabajador español. Son gente sobria que se contenta con poco; una buena comida, una gran independencia y alguna que otra moza amable. No tienen más que esto aquí. Pero ni siquiera esto se les da en España, y por eso emigran a millares los braceros españoles a esta tierra del Mediodía francés, en la que se encuentran felices a cambio de tan poca cosa.
Pero el españolismo no se ha borrado en ellos. Ser español es hacer profesión de fe en el heroísmo, en el sacrificio. Todos estos españoles emigrados, prófugos en

su mayoría, aman a España y se avergüenzan un poco de no haber tenido el heroísmo suficiente para seguir viviendo apegados a sus terruños, de no haber sido capaces de soportar todos los sacrificios que la dura tierra española exige a sus moradores.

Camino de Bezieres, la campiña francesa nos muestra el secreto de la grandeza de Francia. Francia no es grande por sus grandes ciudades ni por sus grandes hombres, sino por la grandeza de esta campiña exuberante, por el esfuerzo de estos millones de aldeanos —entre los que hay muchos miles de españoles— que nutren el Estado con una savia fuerte capaz de resistir todos los embates exteriores y toda la corrosión interior. Este tipo magnífico del campesino francés que vamos viendo es la clave de todo. En el mundo se conoce de Francia a sus políticos, a sus escritores, a sus artistas, y el mundo cree que Francia es grande por ellos. No, ellos no son más que el exponente de estas grandes masas de trabajadores de la tierra, humildes, limitados, constantes, que han hecho del suelo de Francia un vergel. Cada parcela de tierra francesa está cultivada como ni siquiera puede concebir un español. El amor del francés a su pegujalillo, a su pedazo de corteza terrestre, no lo sabría tener nunca, por ejemplo, un andaluz.

Reflexionamos sobre esto ahora, camino de Rusia, y cada vez se arraiga más en nosotros la convicción de que, de todos los países del mundo, es Francia el que menos tiene que temer al comunismo. El pequeño propietario francés, tan amante de su pedacito de tierra y del ahorro, es la fórmula netamente anticomunista. No importa que el comunismo tenga una gran fuerza en París y en las zonas fabriles. El comunismo de tipo ruso no hace aquí sino recibir y encauzar ese fermento revolucionario que existe en todos los países como motor de muchos individuos, siempre los mejores.

Cuando llegamos a Beziers, la tarde solemne de este día caluroso da a la ciudad un encanto inefable. Por las calles anchas pasan, pegándose a las fachadas de las casas, unas viejecitas amables tocadas con sus cofias historiadas que se anudan graciosamente bajo la barbilla. En las tabernas, los hombres beben lentamente, con envidiable regodeo, el buen vino de la tierra; beben como sólo saben beber los bebedores de provincias con un paladeo solemne que refleja exactamente el paladeo de la vida que esta gente remansada de provincias sabe practicar.

El mejor paseo de Beziers empieza a poblarse de gente que sale de sus casas a refrescarse. Los bancos de piedra cobijados por los árboles centenarios del paseo son tomados por estas respetables damas que hacen ganchillo, estos burócratas que a todas partes llevan dignamente la representación del estado francés, y estos pequeños propietarios rurales, tipos grotescos todos ellos si se quiere, pero con un alto valor ciudadano. Este tipo de francés de cincuenta años que cifra su orgullo en llevar una cintita en el ojal y que mantiene a despecho de los tiempos su sentido de la caballerosidad —caballerosidad francesa bien distinta de la caballerosidad española— es el aglutinante de esta varia muchedumbre cobijada bajo la bandera tricolor. No son, esto salta a la vista, gente de una inteligencia extraordinaria; tienen en el fondo ese fermento malo y egoísta de todos los nacionalismos, pero ¡ya quisiéramos nosotros que sus equivalentes en España fueran siquiera así!

Para conseguir estos tipos, con todos sus defectos y sus virtudes, hacen falta muchos siglos. Son gente vieja, gente ya de vuelta, que al sentirse claudicante se quiere afianzar encerrándose en una limitación deliberada. Esta vejez inteligente y cauta es, a mi juicio, el verdadero espíritu de Francia, el que yo he creído encontrar en estos tipos admirables que pasean prudentemente abotonados por los paseos de esta pequeña ciudad meridional de Francia.

No sé si esta visión parcial será absolutamente exacta. Hemos caído en la Francia más vieja, en la más trabajada por el paso de las civilizaciones. La Provenza es el camino de la cultura clásica hacia Centroeuropa. Toda esta tierra está sembrada de grandes nombres que pesan demasiado: Aviñón, Arlés, Montpellier, Nimes...

La verdadera fuerza vital de Francia debe venir de arriba abajo; esta zona comprendida entre el Garona y el Ródano debe dar la levadura, el fermento de esa gran masa que se cuece en París.

Todavía, antes de salir de Bezieres un curioso espectáculo: los niños.

A media tarde, por todas las callejuelas de la ciudad se ve en cada momento una mujer que va empujando lentamente un cochecito desde el que sonríe al firmamento un bebé, un delicioso bebé, limpio, sano, fuerte, sonrosado, envuelto en encajes. La madre francesa es la más amorosa, la más celosa de sus hijos. Pobres y ricos, todos ponen en el hijo todas sus ilusiones. Lo miman y cuidan como una verdadera maravilla. Si no, no los tienen.

Y esto es lo terrible para Francia. El niño se considera como un artículo de lujo, como un producto de selección que exige tales sacrificios, que sólo cuando se está en disposición de soportarlos se acepta. No es fácil ver en Francia ese espectáculo de chicos sucios con la panza al sol que viven poco menos que como los animalitos domésticos. Pero éste es precisamente el peligro.

Conseguirán las madres francesas, con su alto sentido de la maternidad, dar al mundo un producto de selección, un tipo de humanidad cada vez más perfecto, pero cada vez más escaso. Y Francia —como todo el mundo sabe— se perderá por ahí por la despoblación.

Para que un pueblo sea fuerte y pueda hacer gala de su vitalidad —doloroso, pero cierto—, es necesario que haya muchos miles de criaturas lanzadas al mundo un poco insensatamente, a la ventura, a vivir y crecer como los pajarillos y los ganados. Esto, para un hombre civilizado, es imposible de aceptar. Pero es verdad.

La vitalidad de un país está en los niños que se mueren por abandono, porque no se les puede atender porque son demasiados. Ya Rusia se encargará de confirmar esta teoría.

A espaldas del bulevar, en un remanso que forma la acera por donde la gente pasa aprisa, ha colocado su catrecillo de tijera un *chansonnier* que, al mismo tiempo que mueve trabajosamente su formidable acordeón, canta esas letrillas picarescas que son la flor de París.

Las empleaditas que pasan taconeando bizarramente camino de sus oficinas, los obreros, los guardias, los chicos, los proveedores, toda esa masa humana que se mueve en oleadas por las calles de París se detiene unos segundos ante el *chansonnier* y continúa después su camino sonriendo con el ánimo un poco regocijado por haber cogido de través alguna frase feliz de este magnífico bigardo del acordeón, que con tanto desenfado toma el pulso a París en sus cancioncillas.

Ése es el verdadero prodigio espiritual de París; que toda su vida múltiple, que toda su espiritualidad difusa cabe en una cancioncilla. París subyuga, porque en medio de su variedad tiene siempre un tono y un ritmo que lo recoge entero en una frase. Todo cabe en un cuplé. Pero para conseguir este cuplé, para destilar esta letrilla y esta melodía fácil que el gran bigardo del acordeón está ensayando en una esquina mientras la gente pasa aprisa, ¡cuánto tiempo, cuántas cosas, cuánto esfuerzo!

París está muy hecho, muy trabajado; es la única ciudad definitivamente terminada que conozco. Todas las demás ciudades dan la impresión de estar haciéndose, de no haber cuajado todavía algo de campamento; Brujas, Venecia, Toledo no son ya más que relicarios.

Este encanto de madurez, de plenitud que tiene París es único en el mundo. Todo tiene ya una pátina que lo dignifica y proyecta hacia atrás en el tiempo, y, sin embargo, todo está vivo y en marcha.

Frente a las grandes aglomeraciones de casas que arbitrariamente se disponen en las ciudades, París se ofrece como el más feliz resultado de una sedimentación de siglos. Es la impresión más grata de París la de que está bien hecho, bien trabajado, bien terminado. Se da uno cuenta en seguida de que ésta es nuestra gran fuerza, la fuerza de Occidente, lo que no tendrán nunca los americanos.

París teme al peligro norteamericano. Los norteamericanos son demasiado ricos, y vienen demasiado a París. Terminarán por influir en él. Y esta posible influencia del sentido yanqui sobre el sentido parisién es lo que más preocupa a quienes están atentos a la conservación de este prodigio de Occidente que es la capital de Francia.

Espiritualmente, el ciudadano de Nueva York o el de Chicago es el antípoda del parisién. Aquél ama sobre todas las cosas lo desmesurado, lo inconmensurable; éste siente una inclinación natal hacia lo mesurado, hacia lo que tiene la medida de lo humano. Sólo por esta cuidadosa ponderación, París es la primera ciudad de Europa.

Pero en París ha empezado a haber casas demasiado altas y en sus paredes gritos demasiados agrios. Los norteamericanos influyen en París. Lo estropearán todo. El dólar es demasiado fuerte, y esta gente se halla tan bien dispuesta para dejarse corromper…

Francia, que sabe sacar esa fuerza de flaqueza que es su patriotismo cuando llega el momento de peligro, debía alarmarse ahora tanto como cuando los alemanes iban hacia París. Pero los franceses, que resistieron al hierro, no resisten al oro. Es lástima. Esos tíos de Chicago lo van a estropear todo.

No sé cómo no se les ha ocurrido ya a los fabricantes de tejidos utilizar como reclamo industrial el «color de París».

París tiene un color suyo, peculiarísimo, con el que se entonan todos los colores, desde el de las fachadas de las casas hasta el de la ropa interior de las mujeres. Las cosas son de buen gusto o de mal gusto, según que estén entonadas o no con este color natural de París, que es como el fondo del tapiz sobre el que destacan los otros colores vivos de los primeros planos. Más que color, es una luz neta, cernida, fría, que resalta sobre las cosas y las empalidece un poco, rebajándolas de tono, acomodándolas a esta tonalidad amable de París.

Una de las cosas más gratas de Francia es esta simplicidad de sus uniformes militares. El extranjero puede confundir fácilmente a los carteros con los generales. Unos y otros tienen el mismo aire sencillo de humildes funcionarios que desempeñan una labor para la que el Estado les paga. Aunque esa labor haya sido la de ganar la guerra europea, este funcionario no se sale de su uniformidad. Porque el uniforme se les pone a los carteros como a los generales, no para distinguirlos, sino para uniformarlos, para que de ninguna manera se distingan.

Hay tal cantidad de negros en París, que cualquiera otra ciudad que no fuese ésta, no los soportaría. Pero el negro en París se disimula, se destiñe un poco, se hace ciudadano parisién al poco tiempo.

Negros y amarillos y cobrizos a millares; pero todos

pierden un poco su color en París. Este fantástico Montparnasse es un maravilloso crisol de razas y colores. Coge a los tipos exóticos, los somete a un tratamiento intensivo de diván de café, los aculota y después los lanza a la circulación ya presentables. Lo bueno que tiene París es que se traga muchos tipos exóticos, pero los digiere bien. El tipo más parisién que me he tropezado en París había venido de Argelia cuando la guerra.

Estos amarillos, dondequiera que estén, dan siempre un triste espectáculo de senectud, son demasiado viejos. Pero este chinito que estaba hablando anoche en Luna Park con una muchachita como un junco estaba tan contento; se sentía tan a placer que, sin él advertirlo, se reía todo; se le reía la cara amarilla y fea, como se le reían los hombros y las piernas. El hombre había olvidado su pesadumbre de siglos agarrado a aquella jovencita blanca y fresca de Occidente.

—¡Eh, chino! —le grité—. ¡A tus chinoserías! ¡Occidente, para los occidentales!

Esta tarde, en una terraza de los bulevares, se sentó a mi lado una muchachita. Exhibía honestamente —es decir, sin recato— los graciosos dones que la Divinidad había tenido para ella, y yo, pobre celtíbero, privado habitualmente del espectáculo público de la gracia de Dios, estuve a punto de levantarme y felicitarla por su generosidad para con la humanidad fea y doliente.

Otra chica; ésta, fea, desgarbada, mal vestida, con unas gafas de concha y una capotita imposible, se me acercó a poco, y con una seriedad no exenta de gracia, me invitó a comprarle un periódico: el boletín de *L'Armée au Salut*. En la primera plana de este boletín hay una reproducción de unos angelitos de Murillo y debajo, en grandes titulares, una cita de San Pablo: «Que sólo aquello que sea puro sea el objeto de vuestros pensamientos». Y a continuación, con letras gordas también: «*Si vous ne devenez comme de petits enfants, vous n'entrerez point dans le Royaume des Cieux… car il est pour qui leur ressemblent*».

He agradecido efusivamente a esta muchachita fea y desgarbada de las gafas de concha su amoroso requerimiento. Y no menos efusivamente he sonreído también a la otra.

En París —no sólo en París, pero en París principalmente— la mujer va siempre al lado del hombre. No creo que aquí haya habido nunca problema feminista a la manera ininteligente que tuvieron de plantearlo las mujeres anglosajonas. Francia ha resuelto el problema feminista de esa manera tan humana, tan sencilla, y netamente biológica que tiene el espíritu francés para plantearse y resolverse los problemas.

Durante la guerra, y después de la guerra, la vida ha sido y sigue siendo dura. La mujer tiene que tomar parte en todos los trabajos. Es la necesidad, suprema ley. Y toma parte, como ella puede, en la medida que le permite su imperativo biológico. Hace todo aquello que le permite su fisiología y se remunera su cooperación a la obra social con todas las monedas en curso: bienestar material, consideración espiritual, derechos políticos, acceso a todas partes, libertad individual… El mundo moderno no puede dejar ya ningún servicio sin remuneración.

La mujer está hoy en todas partes. En un sitio, gobierna; en el otro, obedece; aquí, goza; allí, sufre; camarera o dueña, y señora de príncipes, cada cual según su temperamento. Vendedoras ambulantes, mecanógrafas, obreras, intelectuales, madres, esposas, amantes de una hora o amantes de toda la vida. ¡Qué grata para uno, español, esta omnipresencia de la mujer!

La cuestión está en salvar el problema sexual, en no concederle más que la importancia secundaria que tiene en realidad. Superado esto, no hay problema feminista. La mujer toma automáticamente la parte que le corresponde en el trabajo del mundo y automáticamente se redime de su esclavitud y aun de la prostitución. Por lo menos, de esa prostitución negra y triste de los países no civilizados o a medio civilizar. Yo comparo estas muchachas graciosas, gentiles, independientes, fieramente independientes, que desempeñan en París la función social de hacer el amor, con aquellas otras mujercitas tristes, dramáticas, de Andalucía, a las que los señoritos maltratan, y las encuentro absolutamente redimidas de toda cosa nefanda. Desempeñan la función para la que son más aptas, viven bien y un día cualquiera se convierten en adorables esposas y madres amantísimas. Para sus maridos no habrá problema. La paternidad —ya lo decía Goethe— es una cuestión de buena fe.

Lo único desagradable es que estas hormiguitas trabajan demasiado. Con ese espíritu agudo que tiene la mujer, parece que se da más cuenta que el hombre de que Francia necesita reponerse urgentemente, y trabajan con exceso.

—Con estas chicas que sonríen en las terrazas de los bulevares a los extranjeros —me dice un amigo comunista— cuenta Poincaré para saldar las deudas de la guerra.

Tengo la sospecha de que estas muchachas que van lentamente por las calles acompañadas de sus amantes, por los que se dejan besar de una manera litúrgica, no son espontáneas. Yo creo que estas señoritas están subvencionadas por el Municipio de París. Son, indudablemente, a la manera de funcionarios de un posible negociado de *Encouragement de l'esprit français*.

Por el qué dirán, a mi paso por París he entrado en el Louvre. En los vastos salones del formidable museo he tropezado con grandes manadas de ingleses. Son muy pintorescos. Esta superstición del arte, sobre todo en los anglosajones, es divertidísima.

Vienen desde todos los puntos de Inglaterra a París para ver la Venus de Milo o la Victoria de Samotracia. Hacen el viaje exactamente igual que como viajan nuestros ganados de Castilla a Extremadura. Traen ya desde Londres su pastor espiritual. Es un tipo medio cicerone, medio profesor, que los arrea de una sala para otra, los emplaza frente a las grandes obras de arte que ellos, como civilizados, se creen en el caso de conocer, y una vez en presencia del prodigio artístico, les lanza una explicación de él, que a los ingleses debe satisfacer sobremanera, pero que a un latino le producirá náuseas.

La interpretación oficial, la exégesis en circulación que de la obra de arte se echa a los ingleses tiene seguramente todas las garantías de autoridad y actualidad.

Les dirán esto es lo último que tenemos en calcetines.

Pero, a pesar de todas las garantías y de todas las autoridades, uno, celtíbero, siente que esta del arte es una de las grandes supersticiones que todavía no ha podido destruir la civilización y que sería de desear que la docena de hombres que en el mundo pueden tener un auténtico temperamento artístico le pegara fuego al Louvre, sólo porque no vinieran los ingleses en manada con sus Manuales de Estética y sus cicerones a disertar fríamente sobre algo que, si no es por lo que tiene de inaprehensible, no es nada.

Sentada en un rincón al lado de la Venus hay una muchachita de dieciocho años, fina como el humo del cigarrillo, que espera seguramente a alguien. Los ingleses, embobados con la Venus, han pasado junto a ella y no la han visto. Tan no la han visto, que algunos hasta la han empujado un poco al pasar. Y esta muchachita, ella misma, no su efigie en piedra, es la gran obra de arte de nuestro tiempo.

Esta mañana de domingo he caído en los alrededores de San Sulpicio. La gente viene a misa. Mucha gente. Toda esa humanidad un poco vencida y claudicante que en las grandes ciudades nutre las religiones, caballeros honorables, viejecitas, adolescentes de mirada perdida, gente desbaratada, que busca o cree haber encontrado su Camino de Damasco. Y negros, muchos negros. La obra de los misioneros —sobre todo de los misioneros españoles— ha sido grandiosa. El negro es católico, fundamentalmente católico. Uno se conmueve al verlos venir esta mañana de domingo a San Sulpicio, aun sabiendo que por la noche esta morenita cimbreante, vuelta a la selva en aras de la civilización, exhibirá su cintura desnuda, con el sucinto adorno de unos plátanos en un cabaret cualquiera.

He entrado en San Sulpicio. La religión en el centro de París tiene un aire que no me gusta. En el atrio hay unos cartelones de propaganda de las conferencias de la Semana Social; los temas de estas conferencias son perfectamente políticos. A la puerta de la iglesia, unos militantes venden al público estos periodiquitos de escasa tirada, tan combativos, tan bizarros, que en todas partes saben hacer los católicos *La Vie Catholique, La Jeune-République.*

Cuando hemos pasado bajo el dintel donde campea el lema impuesto por el Gobierno a todas las iglesias de Libertad, Igualdad y Fraternidad, la impresión sigue siendo la misma. Demasiada modernidad, demasiada campaña social, excesivo confort, harto sentido del momento.

Este esfuerzo, del catolicismo francés por defenderse actualizándose, me parece un error. La gran fuerza de las religiones viene de atrás; lo importante es conservarlas, mantener la liturgia, su sentido tradicional. Desde el punto de vista católico, mejor servicio presta a la religión el cura de misa y olla, que mantiene inalterable su dogma, que este cura urbano, que inicia una tímida evolución y, al acomodarse a los tiempos, pacta e, insensiblemente, desvirtúa su doctrina. En otro tiempo, ésta hubiera sido una herejía. Para *El Siglo Futuro,* seguramente lo es.

Este camarada español se halla refugiado en París, donde su difuso ideal revolucionario no le impone esa cadena perpetua de las detenciones gubernativas a que el Gobierno español castiga a todos aquellos que no piensan como él. Este camarada vive humildemente con su compañera en un cuartito amueblado, chico como un pañuelo, en el quinto piso de una de estas casas denigradas de los barrios populares de París. Trabaja durante todo el día como obrero en un taller, y por las noches escribe terribles artículos revolucionarios. Después de escribirlos, sale con ellos bajo el brazo a buscar entre las imprentas de París una donde quieran tirarle unos periodiquitos que él mismo edita. Además, da conferencias y escribe dramas de carácter social, que representan los cuadros artísticos de las sociedades obreras de la *banlieu*.

Su compañera es también militante. Gana su pan trabajando en una oficina y además pertenece a la Secretaría política del partido comunista.

Esta tarde me han invitado a comer en su rinconcito. La pobreza de la mesa tiene un encanto limpio y gracioso. Es un detalle, una nimiedad, una imperceptible superfluidad, lo que da, sin embargo, una sensación de bienestar en esta mesa pobre de gente al margen, que voluntariamente renuncia al bienestar burgués.

Esa nadería es lo que hace posible esta vida heroica del camarada Juan y su compañera. Es ese vaso con flores colocado sobre la mesa, o ese vestido elegante de ella, o este cigarrillo turco de él lo que permite la heroica persistencia de dos seres jóvenes y apetentes de todo en este régimen de austeridad del revolucionario militante.

El ideal revolucionario —del auténtico revolucionario

contemporáneo, no del que aspira a derribar este o aquel Gobierno—, el ideal antiburgués no consiste en la destrucción del bienestar que han sabido crear los burgueses, sino en la limitación del apetito de cada uno por esos goces.

A la vida le basta con muy poco, casi nada. Cubrir las necesidades puramente fisiológicas, y para sazonarlo todo, un gramo de superfluidad. Reducir lo superfluo a este gramo, a este búcaro con flores del camarada Juan, o a este vestido de seda de su compañera es trabajar revolucionariamente.

Yo no pienso ahora en el camino que se sigue para lograr esto, pero me basta el espectáculo emocionante de esta gente diseminada por Europa, que sabe poner un límite a sus apetencias sensuales frente al desenfreno a que se ha lanzado la burguesía europea después de la guerra para que tenga una consideración espiritual por este ideal nuevo.

Hay todavía una gente que vive demasiado bien. Se me dirá que el bienestar no tiene límites. A mi juicio, sólo uno: el de la capacidad de disfrute de cada uno. ¡Y esta capacidad, en contra de lo que se cree, es tan pequeña! ¡Se necesita tan poco!

Esta señora, que tiene unos treinta y tantos años franceses —unos veinticinco años españoles—, está casada; pero, según ella misma dice, no es feliz en su matrimonio. Y hace desgraciado a su marido, suponiendo que él se considere desgraciado por tal cosa. Esta señora es rica; tiene unos buenos pedazos de la fértil tierra de Francia que le permiten gastar al año una renta de muchos miles de francos.

Se levanta temprano, se dedica amorosamente al cuidado de su cuerpo, come bien, como sólo se sabe comer en Francia; y se lanza a los bulevares a escoger entre los transeúntes su compañero en ese anhelo de gozar de la vida, que ella considera tan legítimo.

—Hasta ahora —me dice— soy feliz; más adelante, cuando pasen unos años y empiece a verme sola y triste, gastaré mi renta en pagar a los hombres que me puedan hacer amar la vida todavía.

Cuando esta buena burguesa me hablaba así, yo intenté explicarle que la vida es algo más compleja, que hay muchas maneras de amarla, que la categoría de ser humano tiene otras exigencias... No me ha entendido.

Y yo estoy convencido de que hay que ahorcar a esta señora. No me preocupa demasiado esta necesidad porque sé que un día encontrará al bandido polaco que la asesinará a puñaladas en el cuartito de un hotel *meublé*. Porque son los polacos los que cometen todos esos crímenes «pasionales» de París.

Suiza y el internacionalismo

Cuando se muere un ginebrino, Ginebra entera tiene contraída la obligación de ponerse de duelo. El ginebrino es el hombre más sociable de Europa; pertenece, por poca significación social que tenga, a una o dos docenas de sociedades benéficas, excursionistas, cooperativas, musicales, deportivas, etc.; a más, claro es, de las agrupaciones profesionales.

Y, claro, cuando se muere, todas estas entidades han de manifestar su sentimiento por la pérdida del afiliado en las esquelas de defunción que se reparten y se publican en los periódicos.

Como todos los días se mueren varios ginebrinos, este espectáculo de solidaridad social es permanente. Ginebra entera está sintiendo en cada momento los hijos que se le mueren.

Un gran contingente de estas sociedades que entrecruzan la vida social ginebrina lo dan las agrupaciones musicales. Todo hijo de Ginebra pertenece a una agrupación musical. No importa que carezca en absoluto de capacidad para la música. ¿Usted qué toca? Lo que sea. Ya encontrará un instrumento a la medida de sus facultades; el caso es que forme parte de una orquesta, o de una charanga, o de un coro, o de una banda de tambores. El caso es tocar algo, hacer ruido, sumarse a esta aspiración colectiva de emitir sonidos que tiene la ciudad.

Las grandes paradas de la ciudadanía consisten aquí en el desfile de muchos miles de ciudadanos tocando algo: la gaita, la ocarina, el trombón, lo que sea. Nadie se exime de esta servidumbre.

A menos que sea miembro del Cuerpo de Bomberos, que para estos pacíficos suizos es como para nosotros, españoles —para algunos de nosotros, afortunadamente sólo para algunos—, pertenecer a un instituto armado. Así como en España hay quien tiene a orgullo el ser oficial de complemento, aquí hay quien se honra con ser bombero honorario.

Sorprende la cantidad de iglesias que hay en Ginebra. Casi una para cada ciudadano. Yo creo que en Suiza todo el mundo es prácticamente de algún culto.

Lo divertido es la variedad; hay iglesias católicas, protestantes, ortodoxas, griegas, judías, anabaptistas, de todo. El adolescente suizo, por lo visto, curiosea los entresijos de estas diversas confesiones y al final se afilia a la que mejor le va a su temperamento. Escoge su religión como escoge la charanga de que ha de formar parte.

Ninguna de estas iglesias tiene en Suiza un carácter militante. Cada cura tiene su parroquia y de ella vive sosegadamente, procurando satisfacerla y que no se le vaya a la tienda de enfrente.

Yo creo que esto de la religión es en los ginebrinos un aspecto de su sociabilidad. Nada más.

Ginebra es un vergel. Llana como la palma de la mano, se extiende a las orillas del Leman, rodeada de verdura, que se le mete calles adentro hasta el corazón mismo de la ciudad. Al fondo, los Alpes.

Ninguna impresión, sin embargo, de grandiosidad. Nada sublime, nada desmesurado; todo tiene una corrección municipal. El Montblanc mismo, que desde la orilla del Leman miran constantemente los turistas ingleses, gracias al telescopio de un alemán industrioso, parece sencillamente un alto copete de chantilly.

Los alrededores de la ciudad, cuajados de villas graciosas incrustadas en el follaje, dan una sensación tan grata, tan apacible tan sedante, que uno piensa que es éste el sitio del mundo donde más intensamente ha de sentirse el goce de vivir serenamente, vegetando un poco como los árboles vecinos, pero con plena consciencia del vegetar, sintiendo cómo al espíritu se le caen las hojas muertas y le nacen los nuevos brotes lentamente, naturalmente.

El suizo no acaba de serme simpático. Se parece demasiado a sus encinas. Tanto monta un encinar como una tropa de ginebrinos. Tienen esa inmovilidad y esa firmeza de los viejos troncos.

Cuando se piensa que esta gente tan sosegada, tan

prudente, tan correcta y discreta está aquí atrincherada en el cogollo de Europa, dentro de sus pequeños egoísmos municipales, desagrada un poco. El caso aquel que se consideraba ejemplar de la neutralidad de Suiza durante la guerra europea me asusta y me hace temer que, por encima de todas estas virtudes locales, mejor aún, domésticas, del suizo, puede haber una terrible incapacidad espiritual. No se puede estar tan al margen. En el mundo hay algo más que los intereses de la Sociedad Excursionista y de la Armonía Náutica.

Me gustaría que esta gente se emborrachara algún día de algo y, abandonando esta tierra magnífica, se echara por el mundo a hacer cosas insensatas.

Un lago es una cosa perfectamente estúpida. No tiene ningún sentido. Mejor dicho tiene únicamente este sentido doméstico de la vida que tienen los suizos. Esto de dar vueltas al lago, bañarse en el lago y pasear por sus orillas es una actividad doméstica de buen hombre casero, sin imaginación, sin el sentido dramático que la vida ha de tener fatalmente.

El lago es grande; hay veces que se encrespa y parece un mar. Me dicen también que es muy peligroso, pero yo no sé verlo más que como un artefacto del menaje casero; como una bañera o, a lo sumo, una piscina. Cuando se tiene un lago como el Leman, lo menos que se puede hacer es dignificarlo, redimirlo de su triste condición casera, inventándole una leyenda. ¿No se les habrá ocurrido a los ginebrinos atribuir ninguna virtud maravillosa al lago, ningún hecho sobrenatural que dignifique estas aguas muertas del Leman? Yo no conozco ninguna leyenda del lago, y mientras no la conozca, estoy dispuesto a despreciarlo, como desprecio la bañera de cinc de cualquier amigo. Cuando se vive junto a un lago, para justificarlo, lo menos que se puede tener es imaginación.

Cuando las chicas suizas cumplen los quince años tienen cierto derecho —como los chicos de su edad en España— a que sus padres les entreguen un llavín del cuarto en que habitan y puedan así recogerse a la hora que mejor les plazca.

Me divierte mucho pensar en el espanto que esta vieja noticia produce seguramente en el ánimo de los honrados padres españoles, pero quiero tranquilizarles. En ninguna parte del mundo ocurre nada extraordinario —ni siquiera en el aspecto amoroso—, y las chicas ginebrinas, con el llavín de su casa en el bolsillo, se recogen a la hora que les da la gana, pero no hacen de su libertad nada que deje de hacer una recatada señorita de Cuenca, Córdoba o Burgos.

Los gastos de la Sociedad de Naciones —dicen unos grandes gráficos comparativos fijados en las paredes de este viejo hotel de Ginebra, sede del internacionalismo— son muy inferiores a lo que cuesta un par de acorazados. Con el presupuesto anual de armamentos navales de una gran potencia se mantendrían los gastos de la Sociedad de Naciones durante muchos años.

Se defiende así el organismo de Ginebra contra quienes lo combaten con un curioso sentido de la economía;

sentido económico de patrona de casa de huéspedes. (Me refiero a una elevada opinión española.) No; a la Sociedad de Naciones se la puede atacar por muchas razones; por esta de que cuesta cara, no. La subsistencia de este grupo de gentes de buena fe, con un fervoroso sentido internacional en el cogollo de estos feroces nacionalismos del centro de Europa, bien vale lo poco que cuesta aunque ese gasto no evite el otro, el de los acorazados. Sobre todo, para nosotros, españoles, tan aislados, tan encerrados dentro de nuestro casticismo, es indispensable. Quedarnos a solas con nosotros mismos, nunca. Si fuera preciso, yo propondría que se diesen corridas de toros benéficas para sostener en Ginebra a un pequeño núcleo de españoles que se enterasen de lo que pasa por el mundo.

Y, además, por puro patriotismo. Es que de hecho la Sociedad de Naciones no puede servir a nadie como a España. Demos por descartada su ineficacia frente a la voluntad omnímoda de las grandes potencias. Inglaterra está en ella y la sostiene en gran parte porque no es ningún obstáculo para su poderío; Alemania entró porque le convenía agarrarse a algo; Francia porque le alivia el miedo. Y así, todas.

Pero los beneficios que la Sociedad de Naciones puede reportar a una potencia material de primer orden no tiene punto de comparación con los que reportaría si se siguiera una política hábil a una nación como España, que, sin un poderío material de primer orden, aspira a ser una potencia moral de primera clase, y, efectivamente, podrá llegar a serlo. Parece como si toda esta armazón de la Sociedad de Naciones se hubiese hecho exclusivamente para colocar a España en unas circunstancias excepcionales dentro del concierto de los pueblos de Europa. Desgraciadamente, los gobernantes y diplomáticos españoles, al encontrarse con un instrumento tal como la Sociedad de Naciones en las manos, tienen la misma perplejidad que un labriego al que le hubiesen entregado una dinamo.

Sin el ideal que informa la Sociedad de Naciones, los estados que disponen de un armamento de primera clase lo tienen todo; las naciones que no tienen esa fuerza, no tienen nada, absolutamente nada. Esa fuerza moral que España podría esgrimir sólo se cotizaría aquí.

Si el político más genial que haya tenido España se hubiese puesto a discurrir el modo de que nuestro país tuviese una influencia positiva en la política internacional, no habría encontrado un instrumento más adecuado que la Sociedad de Naciones.

Pero el instrumento no basta. Hay que saber manejarlo.

La fuerza de la Sociedad de Naciones radica en la legión de periodistas de todo el mundo que vienen a Ginebra para servir a sus países de centinelas en las avanzadas de la política internacional. Son los soldados del internacionalismo; sus verdaderas tropas.

Aun cuando no esté reunido el Consejo ni la Asamblea, los periodistas de todo el mundo tienen montada su guardia en Ginebra. En pleno verano he tropezado en los pasillos y los salones del Palacio de las Naciones con periodistas de todas partes; norteamericanos, griegos, escandinavos. Menos españoles, todos.

La Prensa española refleja la misma indiferencia que el Gobierno ante el internacionalismo. Se da el caso lamentable de que los periódicos más importantes de España y hasta los más nacionalistas están en manos de agencias extranjeras o de informadores extranjeros y mal pagados, mientras *Il Corriere della Sera,* por ejemplo, tiene en la capital de Francia una verdadera redacción con colaboradores especializados que saben lo que en cada momento interesa a Italia de cuanto pasa en el mundo. Claro es que las empresas periodísticas españolas no tienen por qué preocuparse de estas necesidades. Mientras España no tenga una verdadera política internacional, ¿para qué hacen falta mejores informadores?

Al entrar en las oficinas de la Sociedad de Naciones me he encontrado a un muchacho de fino tipo sajón que estaba trabajando ante una gran mesa llena de papeles. Al ser presentados, me ha sorprendido su nombre Rockefeller.

—Sí —me dicen—; es el hijo del famoso multimillonario que ha sido enviado por su padre a la Sociedad de Naciones para que trabaje durante algún tiempo en sus oficinas y aprenda...

—¿Aprender... qué?

—Aprender, aprender...

Me es muy difícil explicar a un español qué es lo que se puede aprender en un ambiente como el de la Sociedad de Naciones. Seguramente, no se trata más que de una dificultad expresiva por mi parte.

A fines del siglo xviii, un industrial inglés, Robert Owen, y otro francés, Daniel Le Grand, formularon por primera vez en el mundo la necesidad de una acción internacional para proteger a los trabajadores y fijar la jornada legal de trabajo.

Pese a todas las propagandas hechas en favor de esta idea, su realización no fue posible hasta que el Tratado de Versalles tuvo la aspiración de recoger las enseñanzas de la Gran Guerra, y al pensar en una paz universal fundada en la justicia, declaró que «la no adopción por una nación cualquiera de un régimen de trabajo realmente humano sería obstáculo para los esfuerzos de otras naciones, deseosas de mejorar la suerte de los trabajadores dentro de su propio país». El reconocimiento oficial de esta vieja idea dio el pretexto para que se crease la Conferencia Internacional del Trabajo, que se reúne una vez por año en Ginebra, y el *Bureau Internacional du Travail,* su órgano permanente.

No soy capaz de juzgar la eficacia de los centenares de convenciones y recomendaciones que, gracias a la labor de este organismo, han sido aprobados por los cincuenta y cinco estados que tienen en él su representación. No sabré decir en qué proporción han mejorado las condiciones de trabajo de los obreros de todo el mundo, pero, en cambio, puedo hablar, después de mi visita a Ginebra, de las condiciones en que trabajan los que han echado sobre sus hombros la tarea de hacer más humano el trabajo de los demás.

Con muy buen sentido, a mi juicio, han empezado por

hacer humano y razonable el trabajo de ellos mismos. Por lo visto, han querido predicar con el ejemplo, cosa muy de estimar, precisamente porque no es nada frecuente en casi ningún apostolado. Aquí han empezado por llevar el trabajo de ellos mismos a un grado tal de perfección, que uno se imagina el mundo como el paraíso de los trabajadores el día que en todas partes se trabaje como en el *Bureau Internacional du Travail*.

La instalación de estos hombres que procuran por el bienestar de la humanidad trabajadora es magnífica. Un espléndido palacio, construido según todos los adelantos y provisto de todos los instrumentos de confort. Se levanta en una planicie rodeada de una zona protectora de arbolado, que aísla a sus moradores de toda molestia exterior y sirviéndole de fondo la lámina azul del Leman. En el interior hay patios conventuales en los que unas fuentecitas árabes hacen sonar la grata canción del agua, suntuosos salones con muebles para los que se han trabajado las mejores y más ricas maderas del mundo, calladas galerías de parquets encerados y gruesas alfombras y, finalmente, las celdas, claras, limpias, de luz tamizada, y muebles que son un prodigio de comodidad y orden, en cuyo retiro sienten la angustia universal del trabajo que mata a estos hombres beneméritos.

No recuerdo residencia de magnate ni mansión imperial que me haya dado una sensación de bienestar comparable a la que produce esta Oficina Internacional del Trabajo. Para levantarla, cada país ha contribuido con costosas donaciones. El Canadá envió sus más ricas maderas; Alemania, las vidrieras más artísticas que salieron de sus hornos; el Japón, los tibores más sorprendentes que labraron sus artífices; Inglaterra, sus hierros... España ha mandado un lienzo insoportable, de esos que el Ministerio de Instrucción Pública adquiere por compromiso. Se lo han colocado en la Sala de Juntas de los patronos. Por lo visto, España cree que los patronos de todo el mundo son tan insensibles a los crímenes artísticos como los suyos.

El conjunto es sorprendente. Por el ancho palacio saturado de calma discurre una verdadera legión de lindas mecanógrafas y de subalternos que descargan a los funcionarios de la parte penosa de la labor intelectual que se les encomienda. Todo está tan reglado, tan asequible, tan maravillosamente dispuesto, que uno piensa como una redención de su vida en poderse venir a una de estas celditas claras para hacer su dura labor diaria como un juego, como un deporte del espíritu.

Este amigo que viene de visitar la cuenca minera del Ruhr me dice:

—He bajado al pozo de una mina; en el fondo, a unos cien metros, he visto en el extremo de una galería a un minero que trabajaba. Estaba tumbado panza arriba, y con los pies en alto sostenía el bloque de carbón suspendido sobre su cuerpo, que penosamente iba desprendiendo poco a poco a punta de piocha.

»He visto a este hombre trabajando así y, silenciosamente, avergonzado, temeroso, me he alejado de él y he dicho a la Comisión de sociólogos que iba conmigo: "Vámonos, vámonos. No hablemos ni una palabra, no discutamos nada, dejarlo, dejarlo. Si este hombre ha de trabajar así, lo mejor que podemos hacer es no darnos por enterados, que trabaje lo que quiera. No vengamos aquí a la boca de la mina a soliviantarlo discutiendo sobre si debe trabajar en esa postura siete horas u ocho horas diarias. Mientras no se dé cuenta, que esté las que quiera; porque el día que se entere, el día que no quiera seguir, nos moriremos de frío en Berlín. Ya es un crimen tenerle ahí; si no somos capaces de impedir este crimen, no vengamos aquí a la misma mina a fingirle una compasión que no sentimos. Se puede enfadar, y pobres de nosotros, entonces. ¡Pobre del flamante *Bureau Internacional du Travail!*".

No comparto la opinión de mi amigo, que es en el fondo demasiado cruel, demasiado egoísta. Esta postura de avestruz, con la cabeza bajo el ala, que ante el infortunio de la clase trabajadora toma el mundo, no puede compartirse. Pero tampoco se puede aceptar esta linda colmena de burócratas, paraíso de sociólogos que a orillas del Leman, sueñan plácidamente con un remoto bienestar de los que hoy trabajan de una manera inhumana.

Ha surgido en el horizonte la monstruosa espina dorsal de los Alpes. Sobre la tierra llana y feracísima empiezan a ser frecuentes las lomas escalonadas como un oleaje de piedra. De vez en cuando, en el fondo de una cazuela, un pueblo. Es un pueblecito de veinte o treinta casas a lo sumo, por cuyas chimeneas salen otras veinte o treinta columnitas de humo, que en esta hora diáfana del amanecer, cuando la atmósfera está perfectamente en calma, ascienden limpiamente hacia el azul remoto. No corre el viento en este vallecito hondo y verde que las altas montañas protegen, y el humo quieto de los treinta hogares tiene para el viajero del aire una saudade encantadora.

Estamos volando, a través de Suiza, desde Ginebra hasta Zúrich.

El aeródromo de Ginebra tiene ya el tono de las grandes estaciones aéreas. Gran tráfico de viajeros, pero extranjeros casi todos; los suizos no viajan todavía más que montados en sus zapatones de terribles clavos. A la hora fijada exactamente se ponen en marcha los motores de los dos correos aéreos que parten esta mañana: el de Basilea-Hamburgo y el de Zúrich-Berlín.

Los dos aparatitos se remontan al mismo tiempo sobre el boscaje de la planicie ginebrina, por entre el cual las casas asoman penosamente sus tejados, y, juntos, avanzan sobre las aguas lechosas, densas del lago Leman, que ya a esta temprana hora surcan frecuentes barquitos con las velas hinchadas por el airecillo que se va levantando con el día. Aun desde el avión, desde donde se abarca por completo este pacífico y burgués lago de Leman, bañera de los ginebrinos, tiene empaque de mar.

Los dos correos aéreos siguen marcando al unísono de sus motores, a idéntica altura, con la misma velocidad. La sensación de seguridad que da el ver marchar isócronos a esos dos aparatitos sobre la bocaza verde del lago es absoluta.

Un poco más lejos, los viajeros del correo de Hamburgo nos saludan agitando sus pañuelos desde el interior de la cabina, vira un poco el juguetito niquelado y va a perderse en la garganta de dos altas montañas, por entre las que se aventura gallardo.

Nuestro piloto continúa por la vasta llanura, donde la vegetación es cada vez más fuerte. Se diría que en este sitio a la tierra le ha salido unas barbazas terribles. Las masas de verdura lo ciñen todo estrechamente.

Un pueblecito. Circundándolo, metiéndosele calles adentro hasta los patios y las plazas, el magnífico boscaje. El planeta tiene aquí una cara amable de buen viejo barbudo, harto distinta de la cara adusta que nos pone a nosotros en Castilla.

Protegiendo este vergel, se ve a lo lejos la cadena de los Alpes semejante a esas montañas de espuma que levantan las lavanderas, o más bien a esa barrera de chantilly que las amas de casa ponen alrededor de sus fuentes de natillas.

Ninguna impresión de grandiosidad. Suiza es exactamente un plato compuesto; el Montblanc, un merengue mucho peor hecho que los que hacen los confiteros.

El sentimiento sublime del paisaje se ha perdido por completo. Ya el hombre podía enfrentarse serenamente, sin aquel terror primitivo, con las grandiosidades de la Naturaleza, pero el avión ha acabado de humanizar las cosas. Se temía y respetaba al Montblanc cuando era inaccesible, cuando aún no estaba superado, cuando desde su arranque el hombre tenía que considerarlo inconmensurable, cuando vencerlo era un prodigio reservado a los héroes. Ahora, no. El Montblanc humilla su crestería por debajo de esa maquinita brillante, dentro de la cual, el espíritu más ruin del más ruin burgués de Europa puede superarlo. Nada de admiración por la Naturaleza. De tú por tú, sencillamente. El Montblanc no es más que una pella de chantilly.

El lago empieza a estrecharse y termina en un canalillo

insignificante. En la vasta planicie surgen los pueblecitos a docenas. Ha habido un momento en el que he contado cerca de un centenar de pueblos dentro del radio visual que me consiente la altura del avión. Los pueblos suizos son en él tapiz de verdura, cada vez más apelotonada, como el centro de una estrella, cuyas puntas, que son las carreteras, se alargan hasta unirse con las puntas alargadas también de otras estrellas.

El paisaje es sencillamente hermoso. Haciendo presa en los bosques de un color verde oscuro, los pueblecitos rojos y grises; toda la gama del verde al amarillo en los sembrados, azul añil en el cielo, que es azul lechoso en el lago, y al fondo la blancura radiante de la nieve en las crestas de las montañas.

A veces, sobre el valle, entre el lago y las montañas, aparece inmóvil una nubecilla alargada y transparente, que corta en sentido horizontal el paisaje. Más adentro, estas tenues vedijas se consolidan, y hay momentos en los que el avión se mete en una zona brumosa, que da al paisaje un aspecto sideral. Sucesivamente pasamos sobre Lausana, Friburgo, Berna. ¡Qué bonitas estas ciudades, que crecen en las márgenes de un río de cruce tortuoso! Los caseríos, apretados, se ciñen a las revueltas del agua que lame los cimientos de los edificios más valientes, y todo ello ofrece el espectáculo de la conquista del río por su enamorada la ciudad. ¡Qué emocionantes estos abrazos de un río a su ciudad! Se piensa con gratitud en el pastor nómada a quien se le ocurrió el primero plantar su tienda en este remanso de la corriente.

La distancia va envolviendo los Alpes en una túnica de vaho. La selva se apelotona cada vez más y hay que pensar que aquellos caminillos estrechos, abiertos en ella, se han logrado ya heroicamente, a hachazo limpio. Es ya una vegetación tan fuerte, que da rabia.

Empiezan a verse las agujas góticas alanceando el azul. A medida que nos acercamos a Alemania, la tierra se hace más oscura y más fuerte. Surge de nuevo el oleaje de las lomas y el avión gruñe cada vez más enfadado para poder ganar la altura necesaria. Frente a nosotros hay una barrera de montañas cuya línea sinuosa se recorta en el azul como el filo de un serrucho. A esta altura no pueden subir ya los árboles, y la tierra aparece desnuda, calva, con la osamenta de piedra al descubierto.

Cuando estamos sobre la cresta más alta de esta barrera montañosa, surge como por arte de magia un paisaje maravilloso. En la otra vertiente, la montaña está cortada a pico, y en la base de esta imponente muralla se abre una planicie verde, fresca y jugosa. Recostada, indolente al pie del llano, Zúrich.

Su aparición súbita en el momento en que se sobrepasa la montaña es inefable. Cuando el avión llega a la cúspide de la montaña, el piloto hace callar el gruñido fatigoso del motor, y suavemente planeando, como una gaviota, el pájaro metálico vuela en espiral sobre el caserío de Zúrich y se abate suavemente sobre el tapiz verde que la ciudad ha extendido para recogerle.

En el aeródromo, mientras una muchachita nos descubre con su ternura germánica la importancia que todavía, y a pesar de todo, tiene el ser español, la cabina del avión se llena de alemanes, que van, como nosotros, camino de Berlín.

Panorama germánico

Esta casa de la Tauentzienstrasse donde me alojo tiene un tic nervioso. Cada siete minutos sacude su osamenta de acero un estremecimiento que hace vibrar los cristales de su ventana y quiebra la columnita de humo de mi cigarrillo. Todavía no he podido averiguar qué tren subterráneo conmueve sus cimientos, qué formidable autobús hace vacilar su fachada o qué ferrocarril aéreo se le mete por la barriga. Alemania tiene la más vasta red de ferrovías que hay en el mundo, y Berlín es una ciudad agujereada por esos centenares de trenes que llegan, taladrando viviendas, hasta la entraña misma de la urbe. Esta situación de ciudad perforada, ensartada por las lanzaderas de los trenes constantes es lo más característico de Berlín. El símbolo berlinés más claro es un volante y una biela en movimiento.

Los berlineses están muy orgullosos de esta dominación de la mecánica. Es su gran superstición. Durante muchos meses se han hecho exhibiciones en todos los cines de Berlín de una película titulada *Berlín 1928,* hecha a base de reproducir la vida berlinesa de todo un día por medio de la mecánica característica de cada aspecto de la ciudad. Se aspira a dar una sensación total de Berlín con la sucesión cinemática de ruedas, émbolos, poleas, bielas, motores, etc. El operador cinematográfico, para buscar el alma de *Berlín 1928,* ha metido el objetivo en el corazón mismo de las máquinas, en los sitios donde los engranajes son más complicados. La vida de la ciudad, desde el amanecer, cuando empiezan a rodar por las calles las máquinas de la limpieza pública hasta la hora más avanzada de la madrugada, cuando los trenes rasgan el silencio de la noche, está representada exclusivamente de una manera mecánica. Los berlineses pasan aprisa por esta película, cogidos en este fabuloso engranaje, y en cada escena de la vida ciudadana es el ritornelo del volante y la biela lo que domina.

Cualquiera que no sea un alemán, ve en seguida la pobreza espiritual de este absoluto dominio de la mecánica. Si Berlín no fuese más que ese constante voltear de ruedas dentadas, sería cosa de volverse loco. Afortunadamente, entre los intersticios de la colosal maquinaria, hay una masa blanda de humanidad que hace tolerable la existencia entre el tráfago de los trenes, los tranvías, los ascensores, los cien mil artefactos mecánicos que de minuto en minuto van condicionando nuestra existencia.

Lo curioso es que los intelectuales alemanes, los artistas, los escritores han llegado también a sugestionarse por este absoluto dominio de la mecánica, y se da el caso extraordinario de que se niegan a sí mismos, se abren la barriga voluntariamente ante este ídolo nuevo del maquinismo.

«La representación de la vida —dice en un artículo

este literato que ha confeccionado el film de *Berlín 1928*— no necesita, para nada, de otros elementos que la mecánica.» «Para dar la impresión neta de Berlín —agrega— me basta con apresar sus movimientos y reproducirlos. No necesito en absoluto ninguna colaboración de índole espiritual. Hoy la emoción artística no se consigue con elaboraciones metafísicas, sino con manifestaciones cinemáticas. Es decir, nada de literatura; mecánica.»

Me parece explicable que un escritor o un poeta berlinés, cogido por esta gran civilización mecánica, rinda la exigua fuerza de su espíritu ante esta superstición. Lo que no concibo es el auge de este sentido cinemático de la vida en París, Roma o Madrid. Se necesita ser tan idiota como Marinetti para rendirse así a una cosa inferior.

Creo que, por el contrario, el hombre de verdadero espíritu, el que tiene la plena conciencia de que, a pesar de todos los prodigios de la técnica, son las fuerzas puramente espirituales las que rigen el mundo, afirma su personalidad precisamente cuando se siente rodeado de ese estrépito de la mecánica.

Un caso curioso. Se trata de una de las grandes figuras del industrialismo alemán: el profesor Junkers.

La Casa Junkers es hoy una de las más fuertes de Alemania; sus fábricas de aviones, desbordando el territorio germánico, se extienden por Suecia e Italia; millares de obreros y centenares de ingenieros trabajan en la producción de nuevos tipos de aviones, y en otras cien máquinas distintas, a las órdenes de Junkers. Conociendo la vastedad de la empresa, uno se imagina a este hombre, Junkers, como un sujeto extraordinario, dotado de un cerebro nuevo, de nueva forma, el cerebro del capitán de industrias, del ingeniero, del mecánico, cerebro maravilloso, lleno de matemática que los pobres literatos envidian. De Junkers, como de Ford, como de todos los hombres de este tipo, se llega a hacer un mito.

Sin embargo, la realidad es bastante consoladora. Junkers, por ejemplo, es un tipo admirable, eso sí, pero radicalmente distinto de como se lo imaginan esos idólatras del maquinismo. Es, sencillamente, un tipo cuya consideración yo quiero brindar a Ricardo Baroja. ¡Cuántos sujetos como Junkers, exactamente como Junkers, han desfilado por aquel laboratorio de inventos que en su juventud tuvieron los Baroja!

Junkers —y creo haber hecho con esto su máximo elogio— no es un inventor serio; ni siquiera un profesor serio. Tengo incluso la sospecha de que desconoce la técnica más elemental. Junkers es pura y simplemente un inventor como aquellos de Paradox Rey. Es decir, un literato.

Es un literato que, en vez de escribir, holgazanea con las manos metidas en los bolsillos por su habitación, fantaseando, discurriendo cosas absurdas e insensatas, exactamente igual que un folletinista. Una mañana piensa que los aeroplanos se incendian con demasiada frecuencia y duran poco porque están hechos con materias frágiles y fácilmente inflamables. ¿Por qué no hacerlos absolutamente metálicos? Él no se mete en más honduras. Para eso tiene un timbre en su despacho y una legión de ingenieros a sus órdenes. Los ingenieros trabajan humildemente en su técnica y sirven al profesor

Junkers el avión absolutamente metálico que su fantasía había previsto. Otra vez, el profesor Junkers se entera por su mujer o por su criada de las dificultades con que se tropieza en las casas para preparar rápidamente un baño de agua caliente. El hombre da vueltas a la cosa y propone cinco, seis, diez soluciones; las mismas que se le ocurrirían a usted, lector. Los técnicos de la calefacción van ensayando las fantasías del profesor hasta que una de ellas resuelve el problema. Y Junkers se hace millonario y la humanidad puede bañarse en agua templada con unos céntimos y unos minutos de economía.

Eso es todo; no hay más. En este progreso material que subyuga hoy a los hombres de más fina espiritualidad, no hay más que esto. Unos millares de humildes trabajadores, gente sin ningún valor espiritual fuera del ejercicio de su técnica, y en la punta, un profesor arbitrario, un inventor tan pintoresco como aquellos que frecuentaban los Baroja, un proyectista. En definitiva, un literato.

Afortunadamente, a pesar de todas las fuerzas ciegas que nuestra civilización ha desatado, son estos tipos, es decir, los hombres sencillamente inteligentes, los que gobiernan el mundo.

—El alemán de dieciocho años es como un dios joven; a los treinta y cinco años el alemán es como un cerdo —me dice madame mientras contemplamos maravillados el magnífico espectáculo del Wellenbad.

Este baño de ola artificial del Luna Park de Berlín —como no hay otro igual en Europa— es sorprendente. En el fondo de una enorme piscina, dispuesto en forma de rampa, una potente maquinaria agita constantemente el agua lanzándola en oleadas hacia la parte más elevada de la rampa, que forma una especie de playa. En torno a esta gran piscina, todo está dispuesto como en un cabaret. El público se acomoda en las mesitas que rodean la playa artificial y cena o bebe champán en compañía de los bañistas. Al lado del caballero de esmoquin, la señorita en *maillot* exhibiendo casi absolutamente desnudo su cuerpo irreprochable.

Dentro del agua, hombres y mujeres fraternizan con una libertad de movimientos que un latino no comprenderá nunca. Esta indiferencia, por lo menos aparente, que el tipo germánico tiene ante las sugestiones eróticas, le permite entregarse limpiamente, graciosamente, a toda clase de juegos y escarceos sensuales entre individuos de los dos sexos.

Una muchachita adolescente está metiendo poco a poco sus piececillos en el agua, temerosa del frío. Erguido el cuerpecillo frágil bajo el somero *maillot*, mira con sus ojos claros el fondo de la piscina, en la que no se atreve todavía a meterse. De improviso, un mocetón de pelo en pecho la levanta en vilo y la zambulle en el agua. La muchachita da un grito de espanto e intenta ganar la orilla, pero el mocetón vuelve a cogerla entre sus brazos musculosos y tira de ella hacia dentro. Resbalando entre los brazos de él como una anguila, la adolescente escapa una vez y otra riendo, gritando. Más ágil, logra zafarse y arriba a la playa, chorreando agua, sofocada. Entonces son dos, tres mocetones los que se precipitan sobre ella y, cogiéndola por los pies y la cabeza, la sumergen una y otra vez en el agua, hasta que se cansan y la abandonan medio asfixiada. La chica se levanta entonces, se estira cuidadosamente el *maillot* y se lanza impetuosa contra los muchachos, sonriendo enardecida. Esta lucha se repite una y mil veces con gran alborozo de hembras y varones.

Pero una vez, uno de aquellos bárbaros ha levantado en alto a una adolescente como un nardo, y al dejarla caer en el agua le ha dado un golpe contra el borde de la piscina. La muchachita se levanta renqueando y, como un animalillo herido, se va a un rincón a curarse su patita mientas los demás siguen indiferentes su algazara.

Madame dice que no le es grato este espectáculo. A madame no le es grato, en general, el espectáculo de Alemania. Me fue de un valor inapreciable durante mi estancia en Alemania el tener frecuentemente a mi lado esta piedra de toque de la sensibilidad latina que es esta señora parisién de treinta y cinco años, tan en sazón, tan ponderada y aguda, que en cada momento de estupor producido en mí por las sugestiones germánicas, sabía poner el contrapeso de su ironía francesa.

Madame vive hace mucho tiempo en Alemania y conoce bien a los alemanes. Sigue siendo, sin embargo, absolutamente francesa; es más, creo que su aguda sensibilidad latina se ha exacerbado en vez de embotarse al contacto con estas grandes masas de humanidad que forman Alemania, y así, madame es el fiel contraste más implacable que yo podría encontrar aquí.

Tengo por esta señora francesa, espiritual, aguda, hipersensible, que vive en Alemania, una conmiseración sin límites. Si se sienta a la mesa madame, con su fino paladar francés, no podrá soportar las grasas y la harina de la cocina alemana; si sale a pasear, sus ojos, acostumbrados al tono discreto de los bulevares, a esa pátina encantadora de París, se sentirán heridos por estos colores radiantes que tanto gustan en Alemania, donde todo está recién pintado, barnizado y pulido; hasta en sus momentos de alegría, después de unas copas de Burdeos, se sentirá agredida por la alegría estruendosa, llena de risotadas y manotazos de estas espléndidas mujeres germánicas ahítas de cerveza y de kirsch.

Esta sensación de estar siempre dominada, vencida por una fuerza superior a la de su fina espiritualidad latina, debe pesar dolorosamente sobre el ánimo de madame. Sus gracias francesas, tan de *boudoir*, su *esprit*, su *chic* de mujer ya un poco pasada que acendra su feminidad y quintaesencia sus encantos, se borran por completo ante la aparición de cualquier alemanita adolescente que, cándidamente desnuda, ofrece en el Wellenbad el maravilloso espectáculo de su carne joven y fresca.

No importa que madame finja ojeras como lirios y manos como nardos. Esta *Fräulein* de diecisiete años, que tiene la cara curtida por el viento frío de los lagos y las manos bastas por el deporte, sabe dejarse besar tan limpiamente, que, más bien que caricia de mujer, parece merced de diosa su abandono.

La luz cruda de Berlín es fatal a madame. En estos parajes desnudos, desolados, de ciudad a medio construir que tiene Berlín, se ve netamente el artificio de madame, su maquillaje, el punto vulnerable de su silueta.

Pero madame se venga fácilmente.

—Vea usted —me dice señalándome una masa gigantesca de carne que en este momento sale de la piscina con la cara enrojecida, los ojos ribeteados, resoplando, gruñendo—. Todas son así —agrega—; tienen un momento maravilloso en la vida: el de la pubertad; la gracia que les da la Providencia. Después, como no saben, como no tienen espíritu, se convierten en esa cosa monstruosa que sale bufando de la piscina en este momento, incapaz de comprender que debía ahorrar a la humanidad el espectáculo de su cuerpo grasiento y deforme.

Yo no comparto en absoluto la opinión de madame. No soy, como español, el antípoda espiritual del alemán que es el francés, y advierto netamente, a través de lo que madame llama la barbarie germánica, ese fondo de blanda humanidad tan cálido, tan emocionado que hay en la gente alemana.

Y, sobre todo: ¡Es tan grato el espectáculo de esta pujante juventud!

El Ku-Ka o Kunstler Kafee (Café de los Artistas) es un pequeño cabaret en el que se reúnen de ocho a doce de la noche hasta un centenar de personas. Este público del Ku-Ka está formado por gente de la más humilde y sencilla burguesía; burócratas, comerciantes, pequeños industriales, algún modesto propietario. Este público prudente y sensato, viene, sin embargo, al Ku-Ka para presenciar regocijado un espectáculo que en España horrorizaría al más comprensivo burgués.

En el centro del Ku-Ka hay una tarima y un piano. Mientras la gente toma tranquilamente su café, esta tarima es asaltada sucesivamente por los tipos más explosivos de Berlín: poetas, filósofos, polemistas, recitadoras, calculistas, actores, actrices, cancionistas, bailarinas, negros, amarillos, cobrizos, todos los exotismos de raza o de intelecto. Todos estos tipos suben a la tribuna libre del Ku-Ka a lanzar una bomba; son artistas en formación, en agraz, gente agria y detonante que quiere, ante todo, llamar la atención. Ya se sabe por los pequeños burgueses del público que cada muchachito de estos que salta a la tarima lleva un petardo en el bolsillo.

Esta noche se ha plantado de un salto delante del piano un judío joven, un inconfundible judío, ya un poco en arco el cuerpo a pesar de su juventud, pálidos, brillantes los ojos negros, corva —cómo no— la nariz. Con las manos metidas en los bolsillos del esmoquin, ha paseado la mirada por el auditorio con ese mecer la cabeza característico de los judíos, y se ha puesto a recitar. Es una poesía suya contra la juventud deportista. A este pequeño judío le molesta el deporte, el sentido deportivo de la existencia. Y arremete bravamente, más que contra quienes practican el deporte físico, contra quienes hacen de él poco menos que un sistema filosófico y una escuela literaria. Me dicen que este joven poeta está en la vanguardia literaria alemana y, aunque desconocido todavía del gran público —al Ku-Ka no vienen más que los inéditos—, goza ya de cierto prestigio como representante de una reacción contra el sentido deportivo del arte.

El honrado público del Café de los Artistas aplaude al judío, que se envalentona con las ovaciones, levanta el espolón de su nariz y recita de nuevo. Es una agria poesía contra la iglesia erigida a la memoria del káiser Guillermo en la Auguste-Victoria Platz. Esta iglesia, situada a cien metros del Ku-Ka, es uno de los monumentos más artísticos de Berlín; enclavada en el centro de la urbe moderna, entre la Kurfürsterdamm y la Tauentzienstrasse, es, realmente, con su arquitectura gótica del florecimiento, reforzada con elementos románticos, un claro símbolo del imperialismo subsistente hoy en el corazón de Berlín.

A nuestro pequeño judío le molesta la supervivencia de este símbolo en el Berlín de la República, y quiere destruirlo. Arremete contra él, no con grandes palabras demoledoras, sino arteramente; la iglesia estorba. Hay que derribarla, sencillamente, porque dificulta el paso de los tranvías y los taxis. La Alemania de hoy no puede consentir a la Alemania de ayer esa pequeña molestia de tener que dar la vuelta alrededor de una iglesia. Esta iglesia —dice— no es nuestra: es del káiser Guillermo; se erigió a su memoria; debemos, pues, mandársela, piedra a piedra, para que en su destierro se entretenga en jugar con los sillares de piedra como juegan los niños con sus cuadraditos de madera.

El desprecio hacia el kaiserismo que esta poesía rezuma, produce entusiasmo indescriptible entre el público de burgueses del Ku-Ka. Se aplaude frenéticamente al pequeño judío enemigo del káiser con tanto fuego, que uno se queda sorprendido un momento, incapaz de reconocer en este pueblo al pueblo de antes de la guerra, del gran tiempo, como los alemanes mismos dicen.

Después de escuchar estas explosiones de júbilo antiimperialista a un público de burgueses alemanes, yo estaría absolutamente convencido de que en Alemania se había operado la revolución más grande que registra la Historia si no hubiese sido por el recuerdo de una pintoresca anécdota que hace poco me contaba un amigo valenciano.

Se celebraban elecciones en Alicante, y un famoso hombre de ciencia alicantino había presentado su candidatura. Para defenderla convocó a un mitin al que acudieron diez, doce, quince mil personas. Hizo su discurso el candidato, y al final quiso conmover a sus paisanos relatándoles cómo en cierta ocasión se había encontrado en el tren, camino de Madrid, a un viejo republico por cuya venerable faz corrían abundantes lágrimas a medida que se alejaban de Alicante.

Quiso el que ahora era candidato a diputado participar de su dolor, y le interrogó sobre la causa que tuviera.

«Soy —dijo el acongojado caballero— Maisonnave, ex ministro de la República; he consagrado mi vida al bienestar de mi patria y principalmente al bienestar de mi ciudad, Alicante. Lloro porque acabo de ser derrotado en unas elecciones precisamente en Alicante, donde yo había sembrado lo mejor que había en mí.»

Esta anécdota que el nuevo candidato alicantino contó a sus electores produjo tal emoción, que las diez, doce, quince mil personas que le escuchaban prorrumpieron en un grito unánime: «¡No! ¡No!». Aquellas buenas gentes alicantinas, tocadas en lo más vivo del sentimiento regional, estaban dispuestas a rasgar sus vestiduras y vociferaban jurando dar el triunfo al candidato alicantino por encima de todas las cosas.

En efecto, se celebraron las elecciones y el alicantino obtuvo siete votos, ni uno más.

Después del poeta judío antiimperialista ha subido a la tribuna un negro. Este negro es también enemigo personal del káiser. Cuenta, en desprestigio del kaiserismo, unos chascarrillos grotescos que acompaña con su expresiva mímica negra. La gente ríe estas burlas a mandíbula batiente. No hay en toda la sala ni un signo de desagrado, ni siquiera una actitud indiferente. Todos son felices cuando alguien sale a ridiculizar al viejo emperador.

Sin embargo, he podido hacer una observación: los alemanes se divierten, eso sí; pero los que arremeten contra el viejo imperialismo no son nunca alemanes: judíos, negros, esclavos... Me falta ver al alemán. Mientras tanto, no olvidaré la lección de prudencia que dieron los alicantinos a su candidato.

Finalmente, ha subido al estrado del Ku-Ka una muchachita que también ha dicho su poesía; ésta, con un acento angelical. Esta muchachita poetisa escribe y recita ella misma unos versos dulcemente irónicos contra las jovencitas de su tiempo, contra las que, usando la fraseología madrileña, llamaríamos «las niñas pera» de Berlín.

El principal pecado de que esa cándida poetisa acusa a sus compañeras es el de desvío para con el hombre. Las «niñas pera» de Berlín se entregan cada vez más fervientemente al amor sin objeto, al safismo, y este pecado, cuya prosperidad nos deja a nosotros varones tan desairados, era descrito por la joven moralista tan al vivo, con tan amorosa deleitación, que no pude menos de ruborizarme mientras a mi lado un honrado padre de familia, con su respetable esposa y sus tiernas hijas, aplaudía satisfecho la sátira de la poetisa.

Cada vez estoy más convencido de que la interpretación de la moral es una simple cuestión de latitud.

Al mes de estar danzando por Europa, uno no sabe si conserva o ha perdido aquel estricto sentido de la moralidad pública que se tiene en Celtiberia. Me parece interesante hablar de la mala vida en Berlín; pero así como un periodista francés puede ir a España y contar después en París, sin escándalo de nadie, la vida del hampa y las aberraciones sexuales de los españoles, no sé hasta qué punto será prudente hablar en España de análogos aspectos de la vida berlinesa.

Vaya por delante la afirmación, que creo de justicia, de que Alemania es el país de menos prostitución que conozco. Esta buena gente alemana tiene un tan alto sentido de la dignidad humana, es en el fondo gente tan honesta, que el triste espectáculo de la prostitución femenina está casi totalmente suprimido. El alemán tiene resuelto el problema sexual de una manera que pudiéramos llamar honesta, familiar. La vida de sociedad, el desapoderado amor a los «locales» que tiene el alemán ha ensanchado el círculo familiar, y chicos y chicas, conviviendo a todas horas, cumplen naturalmente los dos términos del precepto divino. Algún que otro disgustillo doméstico, y adelante. A pesar de todo, la gente es mucho más casta de lo que un celtíbero encelado puede imaginar.

Pero, por fuera de la órbita natural del amor tan netamente descrita por la patriarcal sencillez germánica, queda una zona turbia de sexualidad que deriva hacia el homosexualismo, cada vez más extendido en Berlín.

Me dicen que este vicio tuvo su periodo culminante en lo que los alemanes llaman «el gran tiempo», la Alemania exuberante de antes de la guerra. Fue, según parece, una secuela del militarismo; Alemania era un cuartel, y por entre la férrea disciplina de los cuarteles, el apetito sexual se torcía y deformaba para ir a dar en el homosexualismo. Éste es hoy una institución, por lo visto, tan respetable como cualquier otra. Los homosexuales tienen en Berlín sus casinos, sus cabarets, sus periódicos. He quedado sorprendido repasando varias publicaciones homosexuales de las que están llenos los quioscos, en las cuales se defiende con argumentaciones de carácter científico y hasta religioso esta aberración.

Han llegado algunos tipos de homosexuales a tal grado de perfección en este anhelo de emular y superar a la mujer, que el tenorio callejero tiene que tener un exquisito cuidado en sus escarceos, porque pueden ocurrirle lamentabilísimas equivocaciones. La Policía consiente a los homosexuales andar por las calles de Berlín disfrazados de mujer, con la sola condición de que el disfraz sea tan perfecto que no se advierta la superchería.

A todos los extranjeros que pasan por Berlín se les brinda la ocasión de ir a visitar el típico cabaret de homosexuales: El dorado. Es un cabaret exactamente igual a todos los demás —tan aburrido y triste como todos—, con la sola diferencia de que las tanguistas que merodean por los palcos y se lucen en el parquet no son mujeres. Hombres, yo no puedo asegurar que lo sean.

Las estrellas de la danza que actúan en este cabaret son igualmente de ese género neutro que la civilización produce con tanto refinamiento y perfección. Uno las ve danzar artísticamente, semidesnudas, y se asusta un poco al pensar que también esto es una cuestión puramente metafísica.

La mujer, por su parte, al mismo tiempo que el hombre, se entrega a idéntica aberración. El espectáculo que estas chicas «equivocadas» —llamémoslas así— dan en los sitios públicos, no por frecuente y tolerado en Berlín, puede referirse circunstancialmente en España. Ya he dicho que la interpretación de la moral es una simple cuestión de latitud.

Estos casos de anormalidad sexual que se dan en todas partes y son tan viejos como el mundo no merecerían siquiera un comentario si no fuese porque su porcentaje es tan elevado, que toman ya la categoría de hecho social. Los hombres de ciencia alemanes no se empeñan en desconocerlos ni los ocultan. Por el contrario, hay una formidable acción científica encaminada a la corrección de estas anormalidades, atacándolas tan de frente, con tanta claridad y crudeza, que al recordar por contraste la pudenda intervención del Gobierno español en aquel malogrado curso de Eugenesia que se intentó en Madrid, se piensa en que este Gobierno y estos hombres de ciencia están locos o en España somos gente de una hipersensibilidad moral.

Hace poco se hizo en Alemania un ensayo que en España hubiese producido espanto. El problema de la inutilidad de los correccionales para jóvenes estaba en pie, y, secundando la teoría defendida por prestigiosos hombres de ciencia de que únicamente la satisfacción del apetito sexual normalmente podía volver a la normalidad a los incorregibles corrigiendos, se ensayó un sistema de correccionales, mixtos. Me dicen que el ensayo fue desastroso y tuvo que ser suspendido. Pero es igual; los hombres de ciencia abordarán mañana el problema por otro procedimiento cualquiera no menos aventurado y heroico. Hay, a toda costa, que librar a este pueblo joven de estas terribles taras sexuales cada vez más difundidas.

Los crímenes de origen sexual son cada vez más frecuentes en Berlín. El sadismo y el masoquismo se practican con una intensidad que da espanto. Por las calles céntricas, apenas entrada la noche, discurren, con distintivos disimulados en el traje, cuyo significado todo el mundo conoce, hombres y mujeres que van formulando tristes proposiciones de sadismo y masoquismo a los transeúntes. Se dirá que esto podía evitarlo la Policía. Es inútil. En la exposición de Policía que se celebró últimamente en la capital alemana había un verdadero museo de aberraciones sexuales, terribles aparatos de tortura en los que gemía esa carne restallante de un pueblo demasiado fuerte que necesita el espoleo de su sensualidad a toda costa. La Policía prefiere tener todo esto ante sus ojos, controlarlo hasta cierto punto, antes que sumergirlo con sus persecuciones en un ambiente criminal.

Es una de las tristes herencias de la guerra, que tardará mucho en liquidarse.

Lo más sorprendente de la guerra europea es que, en apariencia, ha sido olvidada por completo. Parece como si la conciencia de las gentes atormentadas por aquella monstruosidad de cuatro años la repudiase y se la hubiese arrancado deliberadamente de la memoria. Es un fenómeno curioso. De la guerra europea no ha quedado memoria; como si no hubiera existido. Esta ruptura con un pasado bochornoso que recuerda esas grandes lagunas abiertas en la historia de los pueblos siempre a raíz de un cataclismo es la sanción que la humanidad pone a sus épocas terribles. Ni memoria de ellas. Algo de lo que debe haber pasado en Asia.

Al día siguiente de terminar la guerra, la gente se puso a trabajar y a divertirse como si no hubiera pasado nada. Es curioso este afán de diversión, de goce sensual, despertado en el mundo inmediatamente después de la guerra. El único pueblo que después de la conflagración mundial quedó con ánimos para continuar el proceso espiritual que aquélla había provocado ha sido Rusia. Pero en los pueblos del centro de Europa se ha hecho borrón y cuenta nueva. Los que estuvieron en las trincheras lo han olvidado todo. Ni siquiera se habla de aquello. Antiguamente el recuerdo de las guerras se mantenía en el rescoldo de los hogares, se contaban una y mil veces las hazañas, se rendía culto a los héroes, se les tenía presentes a toda hora. Nada de esto hay después de la gran guerra. Como si fuera un acontecimiento de hace dos siglos. A nadie le ha quedado el orgullo de su heroicidad. Es más; he notado siempre un invariable gesto de disgusto en cuantos tomaron parte en la guerra tan pronto como se habla de ella.

No se quiere nada con aquello. A trabajar y a obtener con el producto del trabajo el mayor bienestar posible; pero sin preocupaciones. Trabajar y gozar.

En Berlín esta aspiración llega al frenesí. La gente trabaja aprisa para gozar aprisa, para divertirse. Comer bien, beber, amar, hacer negocios, dinero, lujo, pieles, perlas, bienestar material; nada más. En aquel ambiente yo recordaba al grupo de mis amigos de España tan enfrascados en sus problemas de conciencia. Pero no encontré nada semejante en toda Europa, donde la gente ha prescindido de muchas cosas que la posguerra ha considerado superfluas. La vida es dura y hay que andar suelto y con las manos libres para ganarla y hacerla amable. Una casa confortable tiene mucha más importancia que una consecuencia ideológica; una hora de *jazz-band* con una muchachita graciosa y despreocupada vale más que el más alquitarado deliquio amoroso.

Yo he visto al público de Berlín reír a carcajada limpia ante una película de hace veinte años, representada ahora con curiosidad histórica, en la que se planteaban aquellos pavorosos problemas de conciencia que tenían tan embarazada a la gente. A medida que desfilaban por la pantalla aquellas viejas escenas de seducción de una muchacha, de desesperación de los padres por el deshonor que caía sobre sus cabezas, de sacrificios, de actitudes heroicas ante el Destino, de tristezas y dolores, un desenfadado *causeur*, colocado junto a la pantalla, iba ridiculizando aquellas viejas preocupaciones con gran júbilo de este público berlinés de 1928, que se preguntaba sorprendido cómo se podía ser así aún no hace más que veinte años.

La fisonomía de Berlín responde exactamente a este sentido de la vida. En cada esquina hay un cabaret, un casino, un café o un restaurante, donde una multitud ávida de comer, beber, bailar y divertirse consume todas las horas que el trabajo cotidiano le permite.

El efecto de este prurito sensual de la gente después de la guerra ha sido la democratización de los placeres burgueses. Así como en los cabarets de lujo —el Casanova o el Valencia— beben y gozan los grandes industriales, los aristócratas y los terratenientes, en el Europa-Haus o en el Wilhelm-Halle beben y gozan las mecanógrafas, los oficinistas y los obreros. Salvo pequeñas diferencias de calidad, a mucha costa conseguidas, el champán que bebe esta hija de salchichero, vestida con el empaque de una damita aristocrática, es el mismo que bebe este viejo duque español de las patillas que va derrochando su dinero; el mismo camarero de impecable frac que sirve su *cocktail* al nieto del ex káiser, enciende ceremonioso el cigarrillo del tranviario.

El aspecto de estos formidables locales donde se satisface la unánime aspiración de este pueblo que a toda costa quiere gozar del bienestar burgués, antes reservado a unos cuantos y hoy al alcance de todos, sorprende al que viene de otras latitudes, donde la vida tiene una cara más adusta. Este suntuoso salón del Wilhelm-Halle, donde en tres o cuatro parquets danzan gozosas tres o cuatro mil parejas, emocionadas gratamente por la sugestión jocunda de estas músicas de negros, es el espectáculo más revelador del espíritu europeo de la posguerra, ese espíritu obstinado precisamente en desconocer la guerra, en haberla olvidado, en hacer que no quede de ella un pequeño rastro capaz de turbar el anhelo de vivir que todos tienen. Sin embargo...

Esta tarde he ido a uno de los hospitales de Berlín para visitar a un pequeño compatriota recientemente operado. Siguiendo una costumbre alemana de una gran delicadeza, he comprado unas flores para el otro enfermo, el desconocido que en la cama contigua a la de nuestro deudo sufre sus males. Es una costumbre que revela el fondo de ternura del alma germánica. No se quiere que la visita a nuestro enfermo, al que llevamos, junto con unas chucherías, el regalo de nuestro cariño, cause pesar al enfermo desconocido que está a su lado en el hospital. A este infeliz puede no visitarle nadie y hay que hacerse perdonar por él la alegría que con nuestra visita damos a nuestro enfermo. Para eso se llevan unas flores al desconocido.

Me he acercado a su cama y le he entregado el pequeño obsequio. Es el enfermo vecino del nuestro un hombre como de unos treinta y cinco años, con el rostro trabajado por el vivir y los ojos alucinados. Sonríe agradecido y cambiamos unas palabras sobre su mal:

—Estoy delicado —dice sencillamente—; tengo un viejo padecimiento...

Al oído, como si fuese una cosa vergonzosa que hay que ocultar, alguien me dice entonces:

—Es un herido de guerra. Tiene una bala alojada en el pecho, que antes no le molestaba, pero que con los años ha ido cambiando de sitio, y hoy, incrustada en el pulmón, le ha ocasionado una pleuresía...

Es inútil. Por muy heroica que sea la decisión de olvidar «aquello», «aquello» está mordiendo en carne viva todavía.

Es más. Danza por Europa el fantasma de otra posible guerra con Alemania. ¿Hasta qué punto tiene fundamento esa preocupación?

En Francia, esto es un sentimiento irreflexivo. Miedo. Francia tiene miedo del formidable resurgir de Alemania. Advierte que su enemiga secular se levanta cada día más prepotente y se aferra a la dolorosa convicción de una futura guerra.

No siendo francés, se puede considerar más serenamente el caso. El resurgir de Alemania es realmente de una fuerza amenazadora. Pero puede uno sustraerse a la preocupación de que esta fuerza sea la guerra otra vez.

Desde el momento en que se pisa la tierra alemana se tiene la convicción absoluta de que se está en un país de una potencialidad excesiva para el equilibrio europeo. Apenas entra el avión por los grandes bosques de la Alemania del Sur y se abarca el panorama de la inmensa y privilegiada tierra alemana con sus bastiones naturales y su aspecto feudal, sobrecoge el ánimo el fantasma de la guerra. A primera vista, no es posible sustraerse a este temor. Es que hasta los pinos se alinean en las vertientes de las montañas como los soldados del ex káiser.

Más adentro, esa preocupación bélica va acentuándose. Antes de llegar a Berlín hay cuatro o cinco ocasiones de considerar la pujanza industrial de Alemania también como un signo guerrero. Y he visto desde el avión las chimeneas de los centros individuales alineadas como en un frente de la batalla, demasiado grandes, demasiado altas para las industrias de la paz. No es posible descartar de la industria alemana este sentido bélico.

Pero todo esto que tanto solivianta a los franceses son

sugestiones literarias, impresiones visuales, el choque de nuestra sensibilidad latina con esa fortaleza germánica. Lo único cierto es que Alemania es fuerte; más fuerte hoy que nunca lo ha sido.

Se llega a la conclusión de que la guerra no fue para Alemania más que un pequeño accidente fácilmente olvidado. Este pueblo joven se había puesto en marcha: erró el camino, sufrió la pena, rectificó su ruta y adelante. No habrá riada en el mundo capaz de contener esa fuerza expansiva de Alemania. No se trata de una política determinada, ni de una misión histórica, ni de un ideal; no. Es que esta gente tiene una vitalidad maravillosa.

Se han amputado —o les han amputado— el ideal imperialista y siguen adelante con el mismo empuje que antes, porque este ímpetu ascensional de Alemania es una fuerza ideológica, no la resultante de unas lucubraciones ideales.

El mundo no cree que Alemania se haya puesto en marcha otra vez sin el oculto motor de su imperialismo. No se cree en la revolución, en aquella revolución incruenta que nadie ha considerado capaz de llegar a la entraña alemana. Pero en ese pueblo, se ha dado un caso sorprendente. Primero hubo revolución, una revolución que brotó por generación espontánea; luego hubo revolucionarios. Primero hubo república y después ha habido republicanos. Hoy existe una Alemania republicana que impedirá siempre una recaída en el militarismo. Esa masa un poco informe que es todavía el pueblo alemán toma fácilmente la forma del recipiente en que se vierte y lleva ya demasiado tiempo posándose en la vasija republicana.

Esta mañana, cuando me disponía a ir a las oficinas de una importante entidad industrial alemana, he caído en la cuenta de que era día de fiesta nacional: el aniversario de la Constitución de Weimar. Cuando lamentaba esta contrariedad, un amigo que me acompañaba por Berlín y que sabe tomar el pulso con gran exactitud a la vida alemana me dijo:

—Vamos, sin embargo, a esas oficinas, por si no celebran la fiesta de la República. Ahora bien: si la celebran, usted sufrirá un retraso en sus gestiones, pero podrá decir que en Alemania está instaurada definitivamente la República.

Fuimos y, efectivamente, era día laborable.

Alrededor del Reichstag se ha estacionado desde primera hora de la mañana una gran muchedumbre. No demasiada, ni demasiado entusiasta. Paciente, eso sí. Estos miles de personas se han plantado en la plaza de la República a las diez de la mañana; es la una, y esperan todavía. En la gran escalinata que da acceso al palacio, unas charangas y unos coros entretienen a la multitud con el *Deutschland, Deutschland über alles*, mientras en el salón de sesiones Müller pronuncia el discurso de conmemoración.

En la sala, muchos chaqués y muchos sombreros de copa. Ya se sabe: cuando en un local de Alemania se ven muchos chaqués y muchos sombreros de copa, es que aquél no es un sitio de buen tono.

Los militantes de la Bandera Alemana —en Alemania hay que decir siempre militantes—, circulan entre la multitud repartiendo banderitas de la República e insignias republicanas. La multitud aguarda pacientemente bajo un solazo que hace agua los sesos de estos alemanes, con el cráneo afeitado y el sombrero en la mano. Ya se han llevado a cinco o seis entusiastas republicanos con síntomas de congestión por el calor cuando termina la sesión, en la que se ha repetido una vez más que la República ha salvado al Imperio y que la sombra de Bismarck está obligada a sentir ciertas veleidades republicanas en vista de ello. El presidente Hindenburg sale del Reichstag acompañado de los miembros del Gobierno y de una gran masa de diputados, pero inmediatamente detrás de él forma una muralla la guardia de Seguridad. La multitud lanza los tres «*hoch, hoch, hoch*» reglamentarios y agita las banderitas republicanas un poco más entusiasmada ante la presencia del viejo caudillo.

El presidente pasa revista a las tropas que han acudido a rendirle honores. Pero la revista que el presidente Hindenburg pasa a los soldados no se parece a la revista de ningún otro presidente. Hindenburg, a medida que los soldados de la República desfilan ante él, les cuenta los botones de la guerrera, mide la inclinación de los fusiles y advierte el rumor de una pisada un cuarto de segundo más adelantada o retrasada que las otras. Es fatal. El viejo no puede haber olvidado tan pronto su oficio.

Esta de la conmemoración de la constitución de Weimar se aspiraba a que fuese la gran fiesta cívica de Alemania. Poco a poco se va consiguiendo. Cada año, el aspecto de Berlín, el de agosto, es más animado. No será nunca el 4 de julio de París, pero ya hay en las calles, el día que se conmemora la República, un alborozo civil que hace unos años parecía imposible provocar en Alemania. Algunos alemanes se creen en el caso de disculparse: «La República está creando poco a poco tantos intereses; da de comer a tanta gente...» —nos dicen como justificación.

A medida que avanza el día y correteo de un lugar para otro en busca de los lugares donde se conmemora la Constitución, deseoso de hallar una sensación neta del sentimiento republicano de los alemanes, voy convenciéndome de que efectivamente, la República tiene ya una fuerza casi indestructible. Sin embargo, el que no es alemán no encontrará esto bastante republicano; desconfiará siempre. Y es que nuestro republicanismo tiene otro tono, otra manera de manifestarse. Por la noche, he asistido a la función celebrada en el Teatro de la Ópera. Se han cantado unos salmos, unos himnos y unos trozos de Händel. Magníficos, imponentes, pero para un latino, poco republicanos. El tono de la República alemana a nosotros nos parece demasiado grave, excesivamente profundo y melancólico. Es que no concebimos el fervor y mucho menos el fervor republicano en este tono germánico.

A las diez de la noche se han puesto en marcha, a través de Berlín, las manifestaciones republicanas organizadas ante el edificio del Reichstag. Son cinco o seis, compuesta cada una por diez o doce mil personas, y parten todas, en forma de estrella, desde el Reichstag hacia la periferia de Berlín. El espectáculo de estas manifestaciones es curiosísimo para nosotros.

Consisten en el desfile de una serie de agrupaciones adictas a la República, cada una con su bandera y su charanga; en cuanto tienen un pretexto, los miembros de estas agrupaciones se ponen un uniforme, y si no un uniforme completo, algo que lo recuerde. Los manifestantes van de cuatro en cuatro, marcando el paso y guardando las distancias. Llevan hachones encendidos y de tiempo en tiempo los levantan en alto rítmicamente, mientras vitorean a la República.

Las gentes que componen estos cuadros de manifestantes, en todo idénticos a los pelotones de una tropa cualquiera, son emocionantes. Todo el que tiene vivo el sentimiento republicano se siente en el deber de manifestarlo sumándose a esta retreta, y así desfilan unidos a su grupo correspondiente los tipos más extraños. Una viejecita con su cofia grotesca, que va pegando saltitos para seguir el compás de las piernas fuertes de los tres mocetones que le han tocado en su fila; un padre de familia con su esposa y sus vástagos; un novio, con el brazo cruzado por el talle de su novia; un paralítico, en su carricoche; cojos terribles, que desafían el ridículo de su cojera entre las filas marciales ante el íntimo deber de contribuir a la manifestación… Es sencillamente emocionante.

Durante todo el trayecto, las charangas, dirigidas por el pomposo bastón de borlas del tambor mayor, van tocando sus marchas germánicas; tocan también, incansables, las bandas de música, formadas por pacíficos burgueses de vida sedentaria, que sobre el tambor de su barriga se cuelgan otro patriótico tambor, y cantan sus himnos todas las agrupaciones.

Las masas de manifestantes toman de pronto un aire procesional solemnísimo al desfilar los estudiantes. Me dicen que es la primera vez que los estudiantes se suman a la conmemoración de la República con una nutrida representación. Muy serios, con sus gorritas absurdas, sus levitas, sus cortes en la cara, sus pantalones blancos y sus botas altas de montar provistas de espuelas, los estudiantes de Berlín se han adherido, al fin, de un modo brillante a la República, y no sin cierto airecillo arisco, desfilan bajo sus enormes banderas altas como mástiles de navío. Esta mascarada grotesca de los estudiantes alemanes es seguramente muy pintoresca pero poco simpática.

Y así, media hora, una hora… los millares de personas que el último año han figurado en las manifestaciones republicanas ha superado en el doble a los de los años anteriores. En las calles habrá, además, muchos miles de personas que, seguramente, habían salido un poco escépticas todavía, y al volver a sus casas habrán ido pensando que fatalmente Alemania es ya republicana.

Pero, en fin, todavía esto no es el 4 de julio. Ni probablemente lo será nunca.

Un día a la semana, el ministro de Negocios Extranjeros del Reich da un té a los periodistas. He asistido al té de esta tarde, celebrado en el umbroso jardín del Auswärtiges Amt. Los periodistas, agrupados en varias mesitas esparcidas por el jardín, según las ideas políticas de cada uno, sus simpatías o sus nacionalidades, charlaban de los temas políticos del día con los altos jefes del ministerio, cambiaban impresiones, inquirían… Tengo la impresión de que la política exterior de Alemania, hoy tan difícil, se plasma un poco en estas reuniones, en estas sencillas charlas, ante una taza de té.

Stresemann, enfermo, no asiste a la reunión de esta tarde; en su lugar, el doctor Zechlin, jefe de Prensa del

Gobierno del Reich, va informando cautamente a los representantes de la Prensa, a través de una charla llena de interrupciones y de elocuentes pausas. El espectáculo es tan nuevo, tan inusitado para un periodista español, que acaso me haya dejado arrastrar un poco en mi somero juicio sobre la política alemana por este buen tono, esta corrección exquisita de las relaciones entre el Gobierno y la Prensa. No dejo por esto de darme cuenta de que, en definitiva, estos tés del Ministerio de Estado son una manera suave de orientar y captar la opinión del periodista en determinado sentido. Pero, en fin de cuentas, esta labor, que yo sospecho es tan discreta, deja tanto margen a la interpretación personal, que yo consideraría estos simples cambios de impresiones como una fortuna, aun colocándome en el caso de periodista de franca oposición al Gobierno. Con este sistema de conocimiento mutuo, el Gobierno obtiene, por lo menos, la seguridad de poder desvirtuar, más eficazmente que con notas oficiosas u otras medidas coactivas, cualquier campaña o tendencia perniciosa. No hay modo de mantener una postura equívoca —tanto por una parte como por la otra— cuando frente a frente se discute y razona serenamente. Desgraciadamente para nosotros, españoles, hablar de esto es divagar.

Yo he dedicado la tarde a conversar con el doctor Gördes, jefe de la Sección de Lengua Española del Departamento de Prensa del Gobierno. Hemos hablado libremente de hispanoamericanismo, de la propaganda alemana en Hispanoamérica y de política interior española y alemana. He expuesto francamente al doctor Gördes mi opinión sobre todos estos temas, he escuchado la suya y le he visto sonreír a veces y a veces callarse diplomáticamente, y al final hemos juzgado nuestra conversación tan interesante, que nos hemos citado para comer juntos y volver sobre estos temas más íntimamente.

Con este margen para exponer las opiniones que la corrección, la educación política exige, el periodista de oposición puede ir sin desdoro a los medios gubernamentales seguro de que si el criterio oficial puede influir en el suyo propio, él, por su parte, puede también influir más o menos directamente en el criterio oficial. Pero es indispensable para esta relación ese mínimum de libertad a que aludimos. ¡Y pedir ese mínimum de corrección, de educación política a los gobernantes españoles, sería tan inocente!

Cada vez soy más fervoroso partidario de la compenetración. Creo que todo lo que se hace en el mundo es producto de fusiones de ideas, sentimientos o fuerzas. Lo peor del mundo es el aislamiento, las fronteras, el ignorarse los unos a los otros, el negarse.

En Alemania se da un caso curiosísimo. El tipo de alemán cerrado, auténtico, podríamos decir castizo, es el bárbaro por antonomasia. Es el tipo que engendró la guerra; el alemán que no creía más que en Alemania y que no conocía más. Por el contrario, el alemán viajero, el que desata este magnífico espíritu aventurero de los germanos y se lanza por el mundo y se contrasta, llega a dar un tipo de tan fina sensibilidad como un latino. ¿Qué es la latinidad sino un mar abierto siempre ante el espíritu?

La rectificación fundamental operada en el espíritu

alemán después de la guerra es ésta: haber pasado del nacionalismo al internacionalismo; del tipo castizo al cosmopolita; de la lucha a la compenetración. Este radical cambio de criterio es lo único verdaderamente revolucionario que ha habido en Alemania, lo que ha consolidado la República y ha hecho imposible la vuelta de la Monarquía. A los que desconfían de aquella revolución que hizo Alemania para derribar el kaiserismo, nosotros le señalaríamos la figura de Stressemann, rodeado de periodistas en este jardín del Auswärtiges Amt, como el hecho más auténticamente revolucionario de Alemania.

Una tarde en Potsdam. Primero se ha oído el chirriar de las hojas de una ventana; luego, se ha descorrido una cortina; luego, un estor; más tarde, se ha levantado una persiana y finalmente, se ha asomado a la calle, silenciosa, ancha, enormemente ancha y limpia, muy limpia, una señora de tez cuidada y pelo tan blanco y tan pomposo que parece una peluca. Esta señora, con su vestido de encaje y su broche de oro en el pelo, es una supervivencia de lo que ya no hay; una señora que ya no se usa. Me he quedado mirándola con la emoción con que se mira una bella estampa de otro tiempo. Mientras, ha empezado a sonar el carillón de la iglesia adonde a pocos pasos de aquí está enterrado Federico el Grande. Este campaneo amable del carillón germánico con su gracioso dan, den, din, don, dun, ha servido para iluminarme la estampa de esta señora que ya no se usa, asomada a la ventana de una calle de Potsdam que yo estaba considerando.

Todo lo demás de la vieja residencia imperial no ha logrado interesarme. Mis amables guías me han mostrado los palacios y los jardines, que tienen un innegable corte versallesco, la explanada donde Federico pasaba revista a sus formidables granaderos, los recuerdos del káiser Guillermo, los escaparates donde amarillean al sol los retratos de la familia imperial...

Potsdam no será, para mí, más que la visión de esta señora que ya no se usa, esta señora que fue toda Alemania.

En la Alemania actual, esta dama se ha convertido en una mujeruca de traza miserable y grotesca, que arrastra los zancajos por la Unter den Linden con un cepillo en la mano en el que dice: «Para el auxilio de la clase media».

Hemos regresado de Potsdam a Berlín por el Wannsee. Los lagos son la gloria de los berlineses. Apenas llega un domingo o un día festivo, treinta, cuarenta mil personas, salen de Berlín y se precipitan sobre el Wannsee. Millares de pequeñas embarcaciones lo cruzan por todas partes; vaporcitos cargados con centenares de pasajeros van de una orilla a la otra y no hay un pequeño remanso en el que una familia berlinesa no haya plantado su tienda de campaña para hacer la vida de la Naturaleza, siquiera durante treinta horas a la semana. La gente acomodada tiene en el Wannsee su pequeño yate, su canoa automóvil, su balandro o su piragua; los más humildes salen el sábado de Berlín con un enorme fardo a la espalda en el que llevan su bote plegable de caucho. Este amor del alemán por la Naturaleza es ejemplar.

Para darse cuenta de su intensidad, recuérdese que nuestra sierra del Guadarrama está siempre plagada de alemanes. ¡Qué no harán aquí!

Familias enteras llegan el sábado por la tarde al Wannsee, se despojan absolutamente de sus vestiduras, y así, como su madre los echó al mundo —a lo sumo con un sucinto traje de baño—, se dedican a todos los deportes, alternándolos con la vida de sociedad, indispensable también para el alemán. Completamente desnudos, berlineses y berlinesas, acampados en las orillas de los lagos, toman el té, bailan el charlestón al compás de sus pequeños gramófonos, leen, flirtean… Esta tarde, en una caleta del Wannsee, me han presentado a un gentleman: he conocido que lo era en el monóculo que altivamente llevaba, única señal que lo distinguía de Adán.

He visitado el Freibad. Esto —me dicen— está demasiado bien para la gente que viene aquí. El Freibad es la playa municipal, el baño libre para la gente pobre de Berlín. Sin embargo, no creo que tengamos en España un establecimiento balneario tan magníficamente instalado.

La municipalidad de Berlín ha invertido en esos parajes muchos millones de marcos. Esto, que antes eran dunas y campos yermos, son hoy masas formidables de verdura, en las que el buen pueblo berlinés descansa del ajetreo de seis días con sólo gastarse unos céntimos en el tranvía. Durante el invierno, los lagos se hielan y sobre ellos se deslizan millares de patinadores; en el verano, la vasta playa del Freibad cobija la fantástica cifra de cuarenta mil bañistas. Es un espectáculo grandioso el de estas grandes masas urbanas, que se vuelcan gozosas en el lago, entregándose, desenfrenadas, a todos los juegos corporales, libres de las trabas del urbanismo; desde el vestido hasta la circunspección.

He pasado muchos días en Berlín esperando que el Gobierno de Moscú conteste a la demanda de visado de mi pasaporte español. Todas las mañanas iba a la Embajada rusa, donde una larga fila de gente, ya de otro tipo distinto al del centro de Europa, esperaba pacientemente ser despachada. Es el único sitio donde se forman colas en Berlín.

Por fin, esta mañana he obtenido mi pasaporte. La camarada bolchevique encargada del despacho me ha dicho, al oír mis quejas por el retraso sufrido: «No se queje usted; Moscú ha tardado en contestar, le ha puesto dificultades, pero, al fin, usted va a Rusia libremente. En cambio, aquí en Berlín hay una pobre señora rusa que tiene una hija casada con un español hace ya muchos años y no puede ir a verla antes de morir. Usted, que es español, no tiene ningún derecho a quejarse». Y tenía razón.

A las once de la noche, el avión que ha de trasladarme a Moscú empieza a mover sus aspas cortando la oscuridad. Gruñen los motores y, por entre las flechas de los faros de Tempelhof, avanzamos hasta que se nos traga la noche.

Diez mil kilómetros de vuelo sobre territorio ruso

*Rusia: Nunca sabrá ver el ojo
soberbio del extranjero el tesoro
que hay escondido
en tu humilde pobreza.*

Tiútchev

Un formidable trimotor Junkers nos espera en el andén de Tempelhof, dispuesto para el vuelo nocturno. Lleva unos farolitos rojos en el timón y en la proa, y en los extremos de las alas, dos paquetes de magnesio, que, en caso de aterrizaje forzoso, el piloto incendia para iluminar la noche con fogonazos sucesivos y entrever siquiera el lugar donde posarse. Ocupan sus puestos el piloto, el mecánico y el radiotelegrafista, y conmigo suben a la cabina una señora rusa y un yanqui completamente ebrio; pero, eso sí, correctísimo. A los costados de la cabina lanzan sus lengüetas anaranjadas y azules los tubos de escape de los motores, y el avión corre temerario por el cuadro del aeródromo, marcado en la negrura de la noche por cuatro líneas de lucecitas rojas como sartas de rubíes. Al despegar, el avión hace un viraje y avanza sobre Berlín a una altura de trescientos metros.

Volar sobre una ciudad como Berlín durante la noche es el espectáculo más grandioso que nos puede ofrecer la civilización. El espíritu humano lleva muchos siglos maravillándose ante el espectáculo del firmamento durante la noche; los poetas de todos los tiempos han cantado la grandeza del Creador cada vez que consideraban la inmensidad del cielo tachonado de estrellas, y puede decirse que el sentimiento de lo sublime en la Naturaleza subsistía ya sólo porque el espectáculo de la noche espolvoreada de luz seguía siendo insuperable. Pero esto ha sido también superado.

Imaginad un firmamento mucho más vasto que el que puede abarcarse estando a ras de tierra y poblado con muchas más estrellas que estrellas hay en el cielo; muchas más y mucho más brillantes. El firmamento de la Divinidad, el firmamento que ha hecho creyentes a los hombres y divinos a los poetas, es, frente a este firmamento mentido por nosotros —uno arriba y otro abajo—, un pobre y triste espectáculo. *La mise en scène* de la Divinidad es más pobre que la de los alemanes; el espectáculo del firmamento auténtico. Hay entre ellos la misma diferencia que entre una revista montada por Folies Bergère y la misma revista representada en un teatrito de provincias. El Creador va a tener que echar mano de un nuevo electricista para mantener la competencia con los alemanes.

El centro de Berlín es una gran masa incandescente; la Unter den Linden lo que querría ser la pobre y desteñida Vía Láctea; la rudimentaria arquitectura de las constelaciones hecha para sencillos pastores, no tiene ninguna importancia al lado de la difícil geometría de estos millones de lucecitas que brillan allá abajo describiendo el laberinto de las calles de la ciudad; la luz tenue e igual de las estrellas envidiaría las gemas riquísimas de estas estrellas urbanas en las que hay diamantes, zafiros, rubíes, amatistas, esmeraldas y ópalos.

Poco a poco, el avión va dejando atrás el ascua de oro

de la ciudad, y la negra bocaza de la noche se nos va tragando.

El gentleman, que quiere dormir su borrachera, nos pide permiso para dejar a oscuras la cabina. Ya no se ven en la negra fauce más que las luces de posición del Junkers y las tres espadas flamígeras de los tres motores batiéndose incansables con la noche siempre a nuestro lado. La audacia de esta frágil maquinaria que acomete a la noche y la perfora sin miedo sobrecoge el ánimo del viajero, que, a oscuras en el interior de la cabina y de sí mismo, no puede desechar todavía el temor ancestral a las sombras.

Débilmente, ha surgido en el cuenco de la noche un parpadeo sutil. Todavía no se sabe bien lo que es. Como un beso que nos dieran cuando estamos aún dormidos. La débil caricia se repite cada vez más intensamente. Es el primer faro que sale a saludarnos en nuestro viaje. El avión se alegra de encontrarle y avanza hacia él rectificando su ruta. El faro, al sentir nuestra proximidad, agita entusiasmado su gran brazo como si nos llamase, y aunque el avión sigue desdeñoso su camino, él no se enfada y nos acompaña todavía durante muchos kilómetros, lanzándonos sus abanicos de luz. Luego, otra vez la noche; las lenguas de fuego a nuestro lado y el jadear de los motores que van penetrando temerariamente el mito de las sombras.

Las aspas de las hélices llevan ya cuatro horas perforando la noche. En la cabina del avión, completamente a oscuras, brillan de tiempo en tiempo los relámpagos rojos, blancos y azules del cuadro de recepción del radiotelegrafista. Muy de tarde en tarde, aparece sobre el terciopelo de la noche una ciudad que es siempre como el escaparate de un joyero. Pueblecitos como familias de gusanos de luz. La hilera de los faros amables. Uno nos coge y otro nos deja, todos muy plantados, muy ceremoniosos, levantando en alto su gran brazo de luz para darnos sus sombrerazos. Un automóvil se desliza por la noche como un bichito de luz. Así horas y horas.

Estuve muy atento al alba. Quería verla quebrar desde esta posición privilegiada, muy levantado sobre la faz de la tierra y caminando hacia Oriente. Ver el alba antes que nadie, contemplar el nacimiento del día más limpiamente de como puede verse a ras de tierra.

La noche desde el avión se representa como el interior de una gran cámara oscura. El avión avanza y avanza, pero está siempre en el centro de una esfera herméticamente cerrada. Cuando va llegando el alba, la mitad de arriba de esta esfera empieza a palidecer. El medio casquete de abajo sigue todavía mucho tiempo en sombras. Muy lentamente, muy lentamente, la semiesfera superior va aclarándose, aguándose. No es todavía el alba. Cuando éste raya en la línea del horizonte, hace ya mucho tiempo que el firmamento está desteñido y ha ido pasando por todas las tonalidades de pardo, luego al gris y finalmente al plata. Abajo sigue siendo noche todavía. Para el que está a ras del suelo, el nacimiento del día es un acontecimiento súbito; en unos segundos se hace la luz. Caminando hacia Oriente, a dos mil metros de altura, la mecánica celeste que determina el alba es un suceso mucho más lógico.

Antes de que llegue el día nos sale al paso aún otro joyero con su gran paño de terciopelo lleno de brillantes: Danzig. Otra vez surge en el fondo de la noche el prodigio del firmamento cuajado de luz. El ronquido de los motores conmueve el silencio de la ciudad en el conticinio. Pasamos de largo por no despertarla. Pero esta vez los hilillos de luz se interrumpen súbitamente. Miramos atentamente hacia abajo; hay una negrura inmensa; pero negro del todo no, caliginoso; es la procela del mar. Nos la descubre un hilo de luna que riela sobre las aguas. La luna es estúpida; está muerta, agotada; de ella no se puede decir más que eso: que riela.

El avión se adentra en el mar siguiendo la lengua de tierra que protege el puerto de Danzig. Hay un momento en que la mancha negra de la tierra se extingue y el avión navega en mar abierto sobre la ancha procela sin límites. En este momento, uno piensa en la terrible soledad de horas y horas que atraviesan los héroes del Atlántico perdidos en la noche inmensa del mar sin más asidero que los latidos del propio corazón y el tremolar de la llamita del motor. Y lamenta no tener alma bastante para imitarlos. Debe ser la gran emoción de nuestro tiempo. En el momento en que quiebra el alba avanzamos sobre el mar hacia Könisberg. Otra vez el cuadro de rubíes del aeródromo. Cuando el avión se posa sobre el campo y salimos de la cabina, nuestros pobres huesos, ateridos, no dicen que el vasto mundo, el cielo, el aire y el mar son demasiado inclementes para esta cosa blanda y tibia que es la humanidad. Y castañeteando los dientes nos metemos en la cantina del aeródromo.

¡Qué grato, este vaho de humanidad, este calor y esta luz, después de la travesía por la nada del espacio!

La cantina está llena de gente, humo de tabaco y vaho

de cerveza. Un grupo de estudiantes borrachos grita y manotea, pasando la noche en plena juerga. ¡Magníficos tipos estos estudiantes de Könisberg! Uno de ellos, con la minúscula gorrita derribada sobre la oreja, se obstina en convencerme de que sus compañeros son unos cochinos borrachos pero unos excelentes hombres de ciencia. Y me los va presentando ceremoniosamente.

—Yo soy economista—termina diciéndome.

Por mi parte no tengo más remedio que decirle, al menos, que soy español.

—La economía española —dice entonces— me interesa mucho.

—Pues está usted fresco —le respondo.

—Ustedes tienen en España —continúa— uno de los más grandes prestigios europeos en cuestiones económicas: Flórez de Lemus.

—Es cierto—le digo un poco emocionado ante el fervor con que este estudiantón borracho me habla esta madrugada en el aeródromo de Könisberg de uno de los pocos españoles auténticamente valiosos que conozco.

Y a la salud de Flórez de Lemus no hay más remedio que beberse dos enormes jarros de cerveza que a mí me exaltan un poco el patriotismo y a este joven y beodo economista acaban de darle la puntilla.

Felizmente el avión está ya dispuesto a partir de nuevo con dirección a Riga. Pero apenas nos hemos remontado y empezamos a volar sobre el territorio de Lituania, tropezamos con una barrera infranqueable de nubes. El piloto busca una cortadura por donde pasar, no la encuentra y vira en redondo para volverse a Könisberg.

En Könisberg hemos de esperar a que la gran escoba

del aire mañanero limpie de nubes los caminos celestes. El espacio tiene también, por lo visto, su cuerpo de barrenderos municipales, que muy de mañana trabajan para dejar sus calles transitables. Como tardaremos dos o tres horas en salir, nos tumbamos en unas hamacas del aeródromo. El yanqui ronca a mi lado de una manera desaforada; cuando se metió anoche en el avión tenía una borrachera formidable, pero ha pasado unas horas refunfuñando en la butaca del avión, ronca un poco en la hamaca del aeródromo, y cuando se levanta para proseguir el viaje, está fresco y nuevo, correcto como un gentleman, como una rosa.

Cuando, ya bien entrada la mañana, reanudamos el vuelo, las nubes, deshechas en jirones, van flotando sobre ese maravilloso tapiz de Lituania por el que los ríos se arrastran lentamente bordeando humildes los más insignificantes accidentes del terreno. Es una inmensa planicie en la que este buen dios nórdico de grandes barbas y alma infantil se entretiene en pintar y bordar caprichosamente con los estambres de la vegetación y los hilos de plata de los riachuelos. Se ve que el viejo se siente aquí de buen humor y que le divierte esta tierra llana y amable. En unos sitios corta al rape la hierba, en otros deja crecer el follaje y hace con él graciosas siluetas, coge los ríos y borda con ellos grecas complicadas, y, de vez en cuando, deja unos charquitos sobre el campo y finge lentejuelas. El viejo dios del Norte, como un niño, baja a este tapiz a divertirse.

Sobre esta gran planicie verde, llana como la palma de la mano, surge al fin Riga.

Riga resuelve aquel problema que se planteaba Gedeón de por qué no se construían las ciudades en el campo. Está levantada sobre el campo, tan netamente sobre el campo, que en varios kilómetros, las sembraduras alternan con los grandes edificios y los tranvías corren ante las casas de labor donde los campesinos letones cortan y almacenan la leña de los bosquecillos urbanizados.

El Dvina, espeso, de color de chocolate, se mete en el corazón de Riga como sus almadías y sus millones de tablones flotantes que va arrastrando hacia las aserrerías. Flota sobre la ciudad y los campos un espeso vapor de agua, y, a través del ambiente nebuloso, el agudo escorzo de los tejados de pizarra da una sensación de hogar confortable, bien defendido, que hace amar la vida.

Cuando nos posamos sobre el aeródromo, donde la hierba empapada finge una muelle alfombra, una opulenta matrona, muy limpia, muy pobre y muy discreta, nos ofrece, como un topacio el primer vaso de té.

Vamos siguiendo el curso del Dvina, que a costa de muchas vueltas y revueltas cruza toda la planicie letona y se mete en Rusia por la intersección de las tres fronteras: polaca, letona y rusa.

Hemos cruzado la frontera y estamos ya volando sobre territorio ruso sin haber advertido ninguna solución de continuidad. Menos en eso de las fronteras, la tierra es exactamente igual a como se la habían imaginado los cartógrafos; a cierta altura, y por determinados paisajes, volar es exactamente igual que pasar el dedo sobre el mapa. Se encuentra todo tal y como el cartógrafo lo había previsto. Ahora, incluso están los grandes letreros de las ciudades escritos sobre el césped de los aeródromos. Todo exactamente igual. Menos las fronteras, que se ve en seguida lo falsas que son, lo que tienen de convencional e inexistente.

Se va entrando en Rusia sin transiciones, suavemente. Sólo se advierte que los tejados de las casas campesinas son más oscuros, más pobres, más viejos. En las repúblicas bálticas, los campesinos cubren sus casas con tejados brillantes de maderas blancas y barnizadas; ya en Rusia, la isba, la rica isba de la literatura mujikista, muestra su cubierta oscura de cañas y barro dando una inequívoca sensación de pobreza al paisaje.

Las pequeñas casitas campesinas son cada vez más frecuentes. Todo el campo está sembrado de millares de islas aisladas o reunidas en minúsculas aldeas de cinco o seis chozas, a lo sumo, que toman posesión auténticamente de la tierra. El campo ruso da la impresión de estar absolutamente ocupado, tomado por esos millones de campesinos perdidos en la inmensidad de lo que se ha llamado la sexta parte del mundo. No he visto ningún otro país en el que la población esté tan extendida, tan diseminada sobre la tierra. Cada quinientos metros un grupito de isbas, cada doscientos una cabaña; y así, leguas y leguas. Mientras en el resto de Europa la población se concentra en grandes ciudades, huyendo de los campos, aquí, éstos se hallan realmente habitados. El campesino ruso vive sobre el campo, a solas con él, sin ningún contacto con la ciudad, sin formar siquiera esos pequeños núcleos urbanos que son los pueblos agrícolas de Europa.

El pueblo, la pequeña villa rural, no existe. Aldeas, millones de aldeas de quince, veinte, cincuenta habitantes a lo sumo. Parece imposible que este pueblo, así diseminado, pueda ser gobernado jamás. La tradicional burocracia rusa, aquella formidable máquina que tanto sorprendía a los occidentales y que los soviets han heredado, se explica y justifica por esta fragmentación, esta atomización del pueblo extendido a lo largo de los campos.

El paisaje llega a ser desesperante. La sugestión de la inmensidad es tan persistente que ataca los nervios. Horas y horas de vuelo a una marcha de doscientos kilómetros no ofrecen el consuelo de un cambio de decoración, de un accidente en el terreno, de una ciudad. Nada. Bosques y campos de sembradura sobre una planicie interminable que marca netamente en la línea del horizonte la esfericidad de la Tierra.

La vida rudimentaria, intemporal, eterna, que revelan estas chozas miserables de los campesinos rusos no tiene más signo de actividad superior que las iglesias. Millares de iglesias con sus cúpulas brillantes que levantan sus agujas como único indicio de un anhelo espiritual. Se ve en seguida que hasta ayer mismo ha sido la religión la única actividad espiritual de estos millones de seres apegados al terruño, que se ven desde la altura del avión como hormiguitas que van arañando con la uña del arado la corteza del suelo. Las iglesias en el campo ruso son como la única flora espiritual de esta humanidad parda, del color de la tierra, tierra misma ella todavía. En sus cúpulas doradas o paredes y en sus muros cuidadosamente enjalbegados, ha puesto el campesino ruso toda su capacidad radiante, todo el pigmento de su alma.

Las iglesias van jalonando todo el campo. ¿Se comprende ahora la fuerza indestructible que tiene la religión entre esta gente, fuerza que ni siquiera la gran conmoción del comunismo ha podido neutralizar?

Sin un accidente del terreno, sin encontrar el descanso de una pequeña ciudad —cien isbas y una iglesia, cien isbas y una iglesia—, recorremos los quinientos kilómetros que nos separan de Smolensk, primera etapa del viaje en avión por territorio ruso.

Smolensk tiene una dramática apariencia de burgo medieval. La ciudad, amurallada íntegramente, yace en el fondo de una cazuela que forma el terreno. El caserío se apiña formando una apretada masa en torno de una fortaleza palacio o iglesia, que domina el burgo con talante feudal, lo protege.

El avión cruza sobre la vieja ciudad y va a posarse en un campo que tiene más aspecto de barbecho que de aeródromo. Se abre la portezuela de la cabina y una muchachita sonriente, con la cara ancha y los ojos negros, un impermeable masculino y una gorra inglesa con la visera caída sobre los ojos nos pide nuestro pasaporte. Es un agente de la GPU.

Esta muchachita lleva bizarramente al cinto una pistola, y en la comisura de los labios tiene un cigarrillo al que da grandes chupadas mientras revisa los sellos y pólizas de mi pasaporte. Es muy gracioso y sorprendente el aire descarado y amable al mismo tiempo de esta joven agente de la Policía. Todo está en regla, y la pintoresca muchacha me autoriza para continuar mi viaje, para el que me desea, en buen francés, muchas felicidades.

Antes de reanudar el vuelo hacia Moscú, pasamos a una barraca con honores de restaurante donde nos sirven un *lunch* suculento. En Rusia, esto lo he confirmado después, se come maravillosamente.

Por los alrededores del aeródromo merodean mientras almorzamos unos cuantos aldeanos con sus camisas de colores vivos y un grupo de soldados rojos. Ya siempre encontraremos soldados. En todas partes nos saldrá al paso la silueta característica del soldado rojo que se inclina al apoyarse sobre el fusil con la bayoneta calada.

Estos campesinos y estos soldados, gente de buen talante, nos despiden agitando las gorras alegremente cuando el avión levanta de nuevo el vuelo. Buena y amable gente.

En Smolensk ha subido al avión un nuevo pasajero. Es un oficial del Ejército Rojo que, a pesar del correaje brillante y del uniforme impecable, va denunciando su reciente origen campesino. Se ve en seguida que este hombre ha estado empujando la mancera hasta hace muy poco tiempo, y es graciosa la petulancia de este buen campesino con sus manos bastas y su piel curtida que se esfuerza por adoptar el aire correcto de un militar a la prusiana.

Pero quien sea estrictamente civil, tiene a su lado una sensación nada grata. Incluso irrita un poco su bizarría, su aplomo, ese aire impertinente del que sabe que es el amo. Claro es que, en fin de cuentas, esta impertinencia que en Rusia tiene hoy este buen hombre del pueblo uniformado es la misma que en el resto del mundo tiene cualquier banquero inglés o norteamericano. Con la diferencia a favor suyo de que su derecho a ser impertinente, su inequívoco aire de superioridad se lo ha ganado él mismo, y al otro, al yanqui borracho que venía antes en el avión, por ejemplo, esa superioridad se la están ganando penosamente unos *coolíes* o unos pobres indios.

El paisaje de Rusia, siempre el mismo ya durante miles de kilómetros, vuelve a pasar monótonamente bajo las alas del avión. Cien kilómetros antes de llegar a Moscú el oficial del Ejército Rojo me llama la atención y me señala lleno de orgullo las altas chimeneas de un centro fabril que, como cosa inusitada, se alza en medio de los campos de trigo y los grupos de isbas miserables. Son las grandes fábricas de tejidos de Jarcevo. Yo, que todavía no comprendo este entusiasmo soviético ante cualquier manifestación industrial, no me maravillo demasiado de que haya allí unas chimeneas humeando y unos talleres mecánicos donde se hacen tejidos. Pero mi compañero de viaje insiste en hacerme ver lo maravilloso que es aquello.

Y es que, viniendo del centro de Europa, no se concibe lo que en Rusia representa cualquier progreso industrial, cómo a los bolcheviques les entusiasma la máquina y cómo la desean; cómo se enorgullecen cuando la tienen y con qué profunda tristeza ven que en muchos años Rusia no podrá equipararse a las naciones industrializadas. El culto a la industria, el fetichismo de la máquina es una de las características del sovietismo.

Saben que el punto flaco del régimen es ése. Ante las necesidades industriales han tenido que ceder en casi todos los puntos fundamentales de la doctrina comunista. El marxismo no podía implantarse más que cuando la industria hubiese llegado a un grado de concentración del que Rusia dista mucho, y ante esta industria rudimentaria, dividida, insignificante, los procedimientos de incautación comunista fracasan fatalmente.

El bolchevique sueña con una industria norteamericanizada de grandes *trusts* sobre los que pudiera hacer presa fácilmente la garra del marxismo, y se encuentra con una atomización industrial que no hay modo de convertir al régimen comunista.

Por otra parte, sabe que el bienestar del obrero depende del progreso de la industria. A mayor rendimiento, más jornal, mejor vida. Y a mejorar la industria encamina todo su esfuerzo. Hay que conseguir a toda costa, como sea, el perfeccionamiento de las industrias; si hacen falta técnicos extranjeros, se traen y se pagan fabulosamente, prescindiendo de toda teoría comunista. El caso es que la industria rusa pueda pagar el bienestar del trabajador. Hoy, a pesar de la dictadura del proletariado, el obrero de la fábrica vive peor en Moscú que en Berlín, Londres o Nueva York.

Los enemigos profesionales del comunismo atribuyen esto al régimen imperante hoy en Rusia, y hacen de ello su mejor arma para combatirla. Nada más injusto. El comunista va hoy por todas las repúblicas de la Unión predicando con unción evangélica la necesidad de la industrialización, de la máquina, del perfeccionamiento técnico que traerá, al fin, el bienestar del trabajador.

Por eso este compañero mío de viaje se transfigura al contemplar las chimeneas humeantes de las fábricas de Jarcevo, como si tuviese la visión de una Rusia del porvenir en la que la ilusión comunista se hubiese realizado plenamente.

Hemos llegado a Moscú. Sus trescientas iglesias destacan sobre la masa informe de esta extraña ciudad. En el fondo, el sol que va ocultándose finge una alegoría comunista, una de esas alegorías rojas tan inocentes que tanto entusiasman a los bolcheviques.

Paseos por Moscú

Apenas se pone el pie en Moscú, se tiene súbitamente, de una vez, la sensación de que aquello ha sido arrasado por la revolución. Se ve en seguida que el bolchevismo ha arrancado de cuajo todo lo anterior, no ya las instituciones de gobierno, sino las raíces más hondas de la vida privada rusa, los fundamentos de la familia, los estímulos personales, todo.

El bolchevique ha querido hacer tabla rasa de todo lo anterior. Esto donde se ve bien es en Moscú, donde no lo ha conseguido.

La vieja ciudad de Moscú se ha formado por sedimentación lenta a lo largo de los siglos. Toda ella tiene un sentido tradicional. Cada piedra de Moscú tiene su significación, responde a algo que ha estado arraigado durante siglos en el alma del pueblo. El Kremlin, la Ciudad China, la Ciudad blanca y la Ciudad de la Tierra son círculos concéntricos en los que ha ido sedimentándose el pasado moscovita. La parte más nueva de Moscú, el último de los círculos concéntricos que la forman, es la faja de monasterios, capillas e iglesias construidas en los siglos XVII y XVIII. Después, Moscú queda un poco clausurado, convertido en algo así como una ciudad relicario. Hasta que sobreviene la revolución comunista.

El comunismo, después de su triunfo en Petrogrado, fija su sede en la ciudad que indudablemente le era más hostil. Moscú no podía ser una ciudad comunista, y al advenimiento del régimen bolchevique se entabla una lucha a muerte entre la ciudad tradicional y el sentido revolucionario.

El comunismo era la fuerza revolucionaria más fuerte que registra la Historia, pero Moscú era la concreción más formidable del sentido tradicionalista que había en el mundo, y después de la terrible lucha, el viajero se encuentra con que el viejo mito moscovita subsiste. No tiene nada de extraño que los viajeros que pasan por Moscú y contemplan el panorama de la ciudad simplemente saquen la impresión de que el comunismo es, en la vida de Rusia, una cosa superficial que será barrida por el tiempo fácilmente y, sin embargo, en el espíritu moscovita el comunismo ha hecho tabla rasa.

Después de muchos paseos por toda la ciudad, he hablado de esto con un amigo que a veces me ha acompañado en mis andanzas; es un interesante tipo de intelectual, moscovita de adopción, de origen indio, que lleva muchos años en Rusia trabajando a conciencia en una obra sobre el regionalismo. Este hombre me decía:

—Los comunistas se han equivocado en esto como en muchas otras cosas. Por petulancia, porque estaban convencidos de la fuerza revolucionaria que dentro llevaban, quisieron dar la batalla al sentido tradicional de la existencia en el foco mismo del tradicionalismo. La revolución debió dejar Moscú como clausurado y edificar su ciudad. Cada vez que en la Historia aparece una gran fuerza nueva, edifica su ciudad. Pedro el Grande mismo, hizo la suya. Los comunistas debieron haber edificado su ciudad. Pero quisieron venir a Moscú a dar la batalla, y ya ve usted. Lo han destruido todo. Mire usted a la cara de las gentes; son otras. El comunismo ha trastornado todos los valores humanos, está formando una nueva humanidad y, sin embargo, no ha podido cambiar en lo más mínimo este panorama de Moscú con su sentido feudal, sus viejas murallas, sus iglesias, sus monasterios, sus palacios y sus barrios silenciosos en los que perdura aquel encanto burgués de otro tiempo.

Vamos paseando lentamente por los barrios apartados de Moscú. Las calles son anchas, y entre los guijarros del empedrado crece la hierba; por los portones entreabiertos se ven los enormes patios donde los chiquillos juegan y los gorriones picotean en los montones de basura. En un cuchitril de hojalata mohosa, un viejo sastre de portal inclina la cabeza cargada con el gorro de astracán sobre su costura y enreda los hilos de plata de su gran barba con el hilo gordo de su aguja. Todo tiene un aire inmóvil, inmutable, eterno.

La revolución ha sacado de sus goznes las hojas de las contraventanas, ha llenado de desconchados las paredes, ha secado los árboles del patio, ha dejado que se desmoronase aquella balaustrada y ha metido tres familias —tres extrañas familias— en lo que antes era cochera de los señores. Pero todo sigue exteriormente igual. Dentro, en las estrechas habitaciones, hay hacinada una humanidad conmovida por la revolución que intenta vanamente acomodarse a las exigencias de los tiempos nuevos. En cada habitación, una familia; en cada familia, una guerra viva. El padre es *nepman*, el hijo comunista; la madre va todos los días a pedir al pope consuelo para sus tristezas.

Todo esto, por dentro. Afuera siguen brillando las cúpulas doradas de las iglesias, suenan armoniosas las campanitas de los monasterios; una buena moza, recostada en el quicio de una puerta, ríe las vayas de un obrerillo, e incluso desde un rincón oculto, como una sordina, parten las notas de un piano desafinado en el que una mano inexperta va ejercitándose en hacer escalas lentamente.

El espíritu de las gentes ha cambiado, pero el espíritu de la vieja ciudad subsiste después de haber sido arrasada. No ha bastado que sobre la fachada del antiguo palacio de la nobleza cuelguen unas largas tiras de percalina roja en las que se dice que aquélla es la casa de los sindicatos.

En Moscú están construyendo ahora una casa. Seguramente se construyen otras, pero esto de levantar un edificio de nueva planta es siempre un acontecimiento en el Moscú soviético. La gente que pasa al pie de los andamiajes se entusiasma y se lo hace notar a uno maravillada.

—Mire: ahí estamos construyendo una casa.

Todas las casas que se construyen en Moscú tienen la misma arquitectura. Es esa arquitectura moderna de hormigón armado con grandes huecos apaisados, sin molduras ni cornisas, con las paredes lisas y las fachadas sin pintar: Le Corbusier. Pero este tipo de arquitectura moderna que en las ciudades modernas es tan decorativo, aquí, en el centro de Moscú, al lado de los viejos caserones moscovitas, junto a las cúpulas doradas de las iglesias y rompiendo los trozos supervivientes de las históricas murallas, es sencillamente horrible.

Los comunistas se han empeñado en cambiar radicalmente en unos años el panorama de la ciudad milenaria. Y no van a conseguirlo.

Ya que se han visto obligados a dar la batalla en Moscú, lo más hábil hubiera sido abandonar el centro de la vieja urbe e irse con sus construcciones tendinosas a las afueras, al ensanche de Moscú. En el cogollo de la ciudad fracasarán como creadores de un nuevo panorama urbano durante muchos años. En arte, lo viejo es más fuerte que lo nuevo.

En el verano, las calles de las barriadas populares de Moscú ofrecen un espectáculo abigarrado, como ya difícilmente se encuentra en ciudades de Centroeuropa. Para imaginar algo semejante hay que pensar en los barrios populares de Lisboa, Sevilla o Nápoles.

Las aceras están tomadas por centenares de vendedores ambulantes, puestecillos de baratijas, quioscos de refrescos, carros cargados con sandías y melones, encaramados en los cuales, los mismos campesinos venden su mercancía; limpiabotas a millares —únicamente en Sevilla hay tantos limpiabotas callejeros como en Moscú— y vagos profesionales recostados en las paredes.

Todo esto sobre un pavimento de guijarros que evoca el aspecto de las ciudades en mil ochocientos ochenta y al lado de unos caserones imponentes con las fachadas cubiertas de cal, en las que hay grandes desconchados que sus actuales moradores no se han cuidado de cubrir. Lo más destacado de Moscú es la falta de policía urbana, de urbanización. Tengo la seguridad de que la impresión desastrosa que muchos viajeros sacan de Rusia se debe principalmente a este defecto de los servicios municipales. Hay muchas gentes para quienes la civilización no es más que eso, y los soviets ganarían muchos adictos si, haciendo un esfuerzo, tuviesen un Cuerpo de guardias municipales uniformados decorosamente, y en vez de barrer las calles unas pobres mujeres cubiertas de andrajos, utilizaran en la limpieza pública un moderno servicio de relucientes automóviles. En definitiva, un poco de macadam y habría muchos más adictos al régimen comunista.

Esta abigarrada muchedumbre que puebla las calles de Moscú ofrece el espectáculo más desconcertante del mundo. En general, es un pueblo mal vestido. Cada cual cubre sus carnes con lo que buenamente puede y se adorna según su libérrimo capricho. La uniformidad del traje que se observa en las grandes ciudades occidentales es desconocida aquí. Hay un uniforme ciudadano —el de los comunistas—, pero sólo una minoría lo ha aceptado. La gente de Moscú, esos tipos desarraigados por la revolución y empujados por la necesidad, esas bandas de chinos miserables, esos grupos de campesinos que vienen a pedir trabajo en las inexistentes fábricas, esa antigua clase media convertida por fuerza en clase proletaria, viste de la manera más sorprendente del mundo. Al lado de las prendas locales más características, las telas de colores vivos del Cáucaso y de Crimea, los viejos trajes ingleses, los hábitos oscuros de los judíos y las camisas norteamericanas.

Hay, además, un fenómeno muy curioso. Durante los primeros años de la revolución, fueron proscriptos inexorablemente todos los atavíos burgueses. Como por ensalmo, desaparecieron los chaqués y los esmóquines, los vestidos femeninos llenos de encajes y adornos y los sombreros con plumas y abalorios que por entonces se usaban. Todo esto era demasiado peligroso llevarlo en los años del comunismo de la guerra, y quedó cuidadosamente guardado.

Pero ha pasado el tiempo; el bolchevismo, firme ya, puede permitirse alguna tolerancia; hay un indudable renacimiento de los gustos burgueses como consecuencia de las inevitables concesiones a la burguesía, y aquella pobre gente de la clase media, que durante diez años ha tenido que vestirse con la sobriedad comunista, empieza a sacar tímidamente las viejas prendas tan amadas. El espectáculo es sorprendente. Después de diez años, nos encontramos de súbito en Moscú con una mujer vestida irreprochablemente a la moda que se llevaba en Londres o en París al final de la guerra. Estas pobres mujeres de la clase media creen que, después de los once años de régimen comunista, la moda de Occidente sigue siendo la misma y portan bizarramente sus toaletas anticuadas con una inconsciencia que da pena. ¡Pobre gente!

El comunismo, que aspira a ser tanto como un sistema económico, una norma moral, se preocupó desde el primer momento de proporcionar al pueblo, a más de lo indispensable, el modo de satisfacer la humana necesidad de esparcir el ánimo honestamente; la deshonestidad, para los comunistas, está fatalmente en todos los esparcimientos burgueses. Y sirviendo a esta necesidad, se construyeron varios parques de recreo en Moscú.

Uno de ellos, el más importante y el más típicamente comunista, es el titulado «Parque de la Cultura y el Descanso». Está emplazado en la orilla del Moscova y ocupa una vasta superficie en la que se han trazado parterres ingleses y macizos de flores encuadrados por anchas calles cubiertas de albero e iluminadas con potentes focos hasta última hora de la noche.

En este parque se han levantado unos cuantos edificios de audaz arquitectura moderna, decorados con colores radiantes, en los que hay exposiciones permanentes de la industria moscovita, muestras de los productos del campo y demostraciones gráficas por medio de cuadros estadísticos, dibujos comparativos, cifras y fotografías —todo el material de propaganda soviética— de la creciente prosperidad de Rusia bajo el nuevo régimen.

Se ha cuidado amorosamente todos los detalles. El comunismo ha querido poner en este parque todos los elementos de sugestión que puede ofrecer al pueblo: cinematógrafo, bandas de música y orquestas, exhibiciones de artes plásticas, curiosas demostraciones industriales, todos los entretenimientos instructivos; hay, además, en el parque pequeños campos de deporte con anillas, barras, paralelas y trapecios de los que los transeúntes se cuelgan al pasar para hacer unas flexiones automáticamente, con la misma indiferencia litúrgica con que los fieles católicos toman el agua bendita al entrar en las iglesias. El culto al deporte es ya entre los bolcheviques una verdadera liturgia. Con cualquier pretexto, el joven comunista se aligera de ropa y se pone a hacer gimnasia allí donde le place.

En los primeros años de la revolución, las campañas de propaganda de la higiene y el deporte dieron ocasión a graciosos excesos. Por ejemplo:

A las orillas del Moscova acudía una gran muchedumbre de hombres y mujeres para bañarse. Estos bañistas consideraron que el taparrabos era un prejuicio burgués y lo suprimieron. Desnudos como su madre los pariera entraban en el agua y salían de ella, merodeaban por los jardines y se tumbaban al sol en los muelles. Pero un día pensaron que esto de andar desnudos por las orillas del Moscova y vestidos por el centro de Moscú era también un prejuicio burgués. En el desnudo no hay ninguna deshonestidad, y un buen comunista podía mostrar su desnudez en la Plaza Roja sin que nadie tuviera derecho a escandalizarse. Siguiendo este razonamiento, uno de aquellos bañistas del Moscova subió una mañana al tranvía y se presentó en las calles céntricas con su paradisíaco atavío. Según la propaganda comunista en cuestiones de moral, esto era perfectamente lícito, y tras aquel revolucionario se lanzaron otros muchos. Las calles de Moscú empezaron a verse salpicadas de ciudadanos perfectamente en cueros que subían a las plataformas de los tranvías y entraban en los restaurantes con la misma indiferencia que si portasen el más correcto chaqué.

Para evitar este grotesco espectáculo, las autoridades comunistas, que no podían invocar razones de moral, tuvieron que hacer una enérgica campaña sanitaria y decir a los practicantes del desnudo que su desnudez les exponía al contagio de terribles e innumerables enfermedades de la piel. Había que vestirse para subir a los tranvías e ir al cine, pero no por ningún prejuicio burgués, sino para reservarse de la sarna. Gracias a este arbitrio, Moscú no se convirtió durante el verano en una colonia centroafricana.

En los parques y jardines hay todavía cierta libertad. Esta propensión del ruso a desnudarse es inalienable. Pero, en fin, se contentan con quedarse en camiseta. En camiseta de sport hay mucha gente que hace la vida de sociedad en Moscú.

Pese a todas las atracciones comunistas, el Parque de la Cultura y el Descanso no goza todavía de las preferencias del pueblo de Moscú. Es demasiado extraño y demasiado moderno. Es un parque trazado por jardineros norteamericanos y arquitectos alemanes que no va bien con el tono del espíritu moscovita.

Un poco más allá, siguiendo el curso del Moscova, hay unos viejos jardines de la época zarista en los que milagrosamente se conservan los trianoncillos, las grutas artificiales, los cisnes y las alamedas umbrosas. Es el típico parque burgués, con todo su artificio y su sabor romántico, pero la gente de Moscú, los amantes que quieren preocuparse sólo de su amor, los trabajadores que buscan descansar realmente después de la fatiga, los viejos y los niños prefieren perderse en sus senderillos descuidados a desfilar como en una gran parada comunista por las avenidas llenas de letreros del Parque de la Cultura y el Descanso.

Aparte de que ningún espíritu un poco delicado puede soportar al lado del paisaje clásico de Moscú este panorama detonante de un parque perfectamente extraño y arbitrario, norteamericano o germánico. Es el gran error de los comunistas, que iremos viendo repetido a lo largo de su actuación.

El Hotel Savoy es uno de los pocos signos del capitalismo que quedan en la Rusia soviética. De buena gana los bolcheviques lo hubieran hecho desaparecer; pero lo necesitan, es una de sus concesiones al capitalismo.

Diariamente pasan por Moscú unas docenas de extranjeros no comunistas con los que es preciso tratar y a los que hay que alojar a la manera burguesa. Son, por lo general, representantes diplomáticos, agentes del capitalismo alemán o norteamericano, periodistas de empresas burguesas, ingenieros, arquitectos, gente de la que los soviets necesitan. Para ellos únicamente está abierto este Hotel Savoy, exactamente igual a todos los grandes hoteles del mundo, salvo en el precio. El comunismo consiente que se viva burguesmente. Pero lo cobra caro.

Diez o quince rublos diarios dan derecho en Moscú a tener una cama de bronce, unas ostentosas cornucopias, unos sillones de raso, unos cuadros de estilo francés con grandes marcos dorados, un bolchevique que le pone a uno el abrigo ceremoniosamente y un camarero que le enciende oficiosamente el cigarrillo.

Esto, sin embargo, no nos permite creer que la vida comunista de los moscovitas tiene ninguna contaminación burguesa. Yo he llevado al Hotel Savoy a comunistas de Moscú que, al descubrir aquel ambiente burgués en la sede del comunismo, se maravillaban como si súbitamente hubiesen sido transportados a otra época.

El sentido comunista de la vida cotidiana es la mayor conquista de la revolución. De grado o por fuerza, el ciudadano de Moscú vive en un régimen distinto al del ciudadano de cualquier otra parte.

Lo primero que se advierte es que ha sido suprimida toda superfluidad. La gente tiene necesidad de comer, dormir y reunirse, y a estas necesidades se atiende, pero sucintamente.

Yo tengo la impresión de que hoy no hay nadie que se quede sin comer en Moscú. La alimentación es barata. Más barata que en ninguna parte del mundo, a pesar de esos telegramas de Riga que hablan constantemente del «hambre en Moscú». El kilo de pan cuesta diez copekas —unos treinta céntimos—, y la carne es tan abundante que se considera un lujo no comerla. El tipo medio de restaurante tiene un precio de ochenta copekas a un rublo por comida. Teniendo en cuenta no sólo el cambio, sino el valor adquisitivo de la moneda rusa, viene a ser unas dos pesetas.

Esto, claro es, para el que no es comunista ni obrero. El obrero tiene su restaurante cooperativo en la misma fábrica donde trabaja y come por una cantidad equivalente a una peseta. Téngase en cuenta que en Rusia sólo se hace una comida fuerte al día y que el obrero industrial gana un jornal que puede evaluarse en unas doscientas cincuenta pesetas mensuales. La acción de la Narpit —empresa del Estado para el abaratamiento de la alimentación de la clase trabajadora— ha sido eficacísima. El obrero come bien y come barato.

En cuanto a la vivienda, la tiene asegurada por el solo hecho de ser trabajador, por un precio irrisorio. En Moscú existe un pavoroso problema de habitación, pero no para los trabajadores, de cuyo alojamiento cuida el Estado.

Pero esto es sólo en cuanto se refiere a las necesidades primordiales; comer, dormir y transporte. Pese a todas las doctrinas comunistas, la vida tiene unas necesidades que pudiéramos llamar de estimación personal, a las que el Estado no puede atender por ahora. Y en este aspecto la vida es fabulosamente cara en Moscú.

Todo lo que el obrero ahorra de su jornal en las necesidades primordiales, lo gasta en procurarse un pequeño bienestar que, desde luego, no tiene punto de comparación con el que puede conseguir el obrero de un país capitalista.

Vestir, simplemente vestir, como sea, es ruinoso para la economía de estas gentes. Yo creo que la impresión desastrosa que mucha gente ha sacado de Rusia se debe a que es un pueblo de gente mal vestida.

Pero, además de esto, la vida del hombre civilizado exige una porción de pequeñas cosas sin importancia, de bagatelas, de naderías, que es imposible suprimir aun teniendo el más puro sentido comunista de la existencia. Y todo esto no podrá tenerse en Rusia durante mucho tiempo.

Esa falta absoluta de superfluidad es lo que da ese aire dramático a la vida en el régimen comunista. He visto el esfuerzo económico que para una pareja de jóvenes trabajadores representaba la adquisición de un pedazo de tela decorativa con que dar un poco de gracia a la sordidez de la estrecha habitación en que habían hecho su nido.

Uno mira estas cosas fatalmente desde un punto de vista burgués. Hay que admitir que el puro sentido comunista de la existencia puede suprimir todo eso, sustituirlo con unas satisfacciones espirituales más puras, más humanas, pero de momento, yo consigno que he encontrado gente que se consideraba infeliz por esta implacable determinación de lo necesario que hace el comunismo. Y esta gente no tenía ningún prejuicio burgués. Eran comunistas auténticos.

Niños, mujeres, popes y tenderos

Cuando en una calle de Moscú se encuentra uno arrimado a la acera a un tipazo mugriento, barbudo, con una pelambrera piojosa cayéndole sobre los hombros, los grandes ojos azules mirando espantados el espectáculo callejero, los brazos caídos a lo largo del cuerpo, la testa oscilante mientras los labios torpes intentan vanamente articular unos sonidos humanos entre eructos de aguardientes, ya se sabe: es un pope.

Yo no sé si antes de la revolución sería así también. Sospecho que la embriaguez habitual es una de las tradiciones más características del clero ruso, a juzgar por las referencias literarias que de él tenemos. Lo que es ahora, decir pope es decir borracho.

Creo que, aparte una natural predisposición al alcoholismo, que por lo visto ha sido siempre patrimonio del cura ruso, es la revolución lo que le empuja ahora fatalmente a la embriaguez. Desde el triunfo del bolchevismo, el pope «bebe para olvidar». La tragedia de la iglesia ortodoxa dentro del régimen soviético es una tragedia disuelta en alcohol.

El partido comunista, siguiendo su táctica un poco

jesuítica de siempre, cuando se topó de cara con la iglesia, no se atrevió a darle la batalla francamente. El pueblo ruso era, y sigue siéndolo, el pueblo más religioso del mundo. No se trata de una religiosidad militante, disciplinada y concreta, sino un difuso sentimiento religioso, mezcla de superstición y de idolatría, tan arraigado en el fondo del alma rusa que hasta los bolcheviques que se atrevieron con todo, se detuvieron prudentemente antes de atacarlo a fondo.

Pudieron haber suprimido al cura como suprimieron al comerciante, al patrono y, en general, a toda la burguesía. Los sótanos de la Checa habían probado ya su capacidad para eliminar una clase social entera, por fuerte y numerosa que fuese. Pero con el cura, acaso por temor a una explosión de ese difuso sentimiento religioso tan arraigado en el alma del pueblo ruso, tal vez porque los comunistas han puesto siempre un exquisito cuidado en evitar que se formase la aureola del mártir alrededor de sus víctimas, y la Iglesia es maestra sapientísima en la elaboración de mártires, el caso es que se siguió otro procedimiento de eliminación: el de sitiarlos por hambre.

Hace once años que la vida se le hace imposible al pobre pope ruso. Si subsiste es porque, por lo visto, la clase sacerdotal tiene una vitalidad superior a la del resto de los mortales.

Se nacionalizaron todos los bienes religiosos: hasta los ornamentos del culto. El pope se encontró de la noche a la mañana con que no tenía más que la sotana que llevaba puesta. Se suprimió toda subvención al clero, se castigaron duramente las especulaciones con objetos de culto y se impidieron las recaudaciones de fondos entre los fieles. Durante los terribles años de miseria que siguieron a la revolución, el pope, privado de todos sus recursos, permanecía impotente y famélico a la vera de sus iconos, ante los que iba a prosternarse una muchedumbre llena de fervor religioso, pero sin una copeka en el bolsillo. Los buenos parroquianos de antes habían emigrado o perecido.

El pope se lanzó entonces a una vida de hampón. Mendigando por las casas de sus fieles, comiendo aquí y ayudando allá, durmiendo donde le cogía, alternando con ese poso turbio de malhechores e infelices que ponen en ebullición las revoluciones, el pope ha ido cayendo poco a poco en una especie de vagabundaje que pone pellas de barro en sus barbazas, antes tan respetables, y deshace en jirones su imponente sotana.

¡Pobres popes rusos! Yo he visto a uno que llevaba todo el verano durmiendo bajo la bóveda del firmamento. En Moscú hay un pavoroso problema de viviendas, y la dictadura del proletariado distribuye las habitaciones de que se dispone según la utilidad social del que las demanda. El cura, según los bolcheviques, no desempeña en Moscú ninguna función necesaria, y no tiene, por tanto, derecho a habitación. Considerado como una superfluidad, el pope ve claramente que está condenado a perecer. Y consciente de su fin próximo, desesperado, se entrega a la bebida.

Me dicen que algunos, no muchos, han tenido una resolución heroica y se han puesto a trabajar en las fábricas.

Durante algún tiempo, la Iglesia, a la que los bolcheviques no atacaban directamente, creyó que podría salvarse y convivir con el nuevo régimen. La maniobra soviética de favorecer encubiertamente a una secta para hacer daño a la otra hizo concebir a algunos la esperanza de que podrían subsistir. Una parte del clero se puso entonces al lado de los bolcheviques bajo la bandera de la Iglesia Viviente, que, en efecto, encontró cierto apoyo entre los directores del partido. Este intento que hicieron los curas para salvarse fue muy curioso. Compaginaban la religión con sus creencias aquellos pobres popes diciendo que, puesto que la voluntad de Dios era que hubiesen triunfado los bolcheviques, había que someterse a ellos y ayudarles incluso en su tarea revolucionaria. Para congraciarse con la dictadura del proletariado, algunos popes izaban la bandera roja sobre las cúpulas doradas de sus iglesias, y en su propaganda intercalaban citas de Marx, Engels y Lenin a los versículos de la Biblia.

Pero la maniobra soviética está ya demasiado clara para que puedan hacerse ilusiones sobre su destino. Los bolcheviques favorecían esta herejía de la Iglesia Viviente para acabar de destruir la Iglesia Ortodoxa.

A pesar de todo, el pueblo sigue siendo religioso. Pero el pope ha perdido todo su prestigio. No hay paridad posible entre la significación social de un cura católico o protestante y un pope ruso. En la aldea, el pope, que siempre, aun bajo el zarismo, tuvo una reputación moral poco envidiable, se ha convertido en un tipazo pintoresco, filósofo cínico, borrachín genial, que divierte a los campesinos con su ingenio, su cultura y su desvergüenza.

El pope y su mujer la papadia, con sus broncas conyugales, sus borracheras, sus arbitrios para poder comer, su desesperación y sus pecados, todos son la sal de la vida aldeana, la anécdota pintoresca que alegra un poco la triste vida de trabajo de los campesinos. El pope ha venido a ser el fermento anarquista de la aldea.

Y, a pesar de todo, subsiste ese difuso sentimiento religioso del pueblo ruso.

Este humilde comerciante que todas las mañanas abre su tiendecita, dispone cuidadosamente sus chucherías en el escaparate y se sienta detrás del mostrador a esperar melancólicamente a los problemáticos compradores, es uno de los tipos más emocionantes de Rusia.

Cuando abre su tiendecita no sabe qué nueva calamidad va a traerle el nuevo día. Puede esperar que de un momento a otro le confisquen sus pobres géneros, le insulte la muchedumbre o le encarcelen agentes de la GPU. El comerciante, este pequeño y humilde hombre de la tiendecita, es el paria de la Rusia soviética.

Empezó el régimen bolchevique por la abolición de todo el comercio privado. La persecución que entonces se hizo contra los comerciantes fue implacable. Los agentes de la Checa llegaron hasta el extremo de actuar como agentes provocadores del comercio ilegal para poder encarcelar a los comerciantes. Se disfrazaban de campesinos y tentaban la codicia de los comerciantes ofreciéndoles artículos a bajo precio para su reventa. Si el pobre comerciante se dejaba tentar por su indesechable afán de lucro y entraba a discutir la oferta, iba a dar inmediatamente con sus huesos en las prisiones de la Checa, de donde no salía ordinariamente sino para la deportación.

El establecimiento de la Nueva Política Económica, que rectificaba totalmente la actitud del comunismo ante el comercio, dio fin a la época heroica del comercio clandestino. Se permitía al comerciante vivir y comerciar, ya que era indispensable, pero su condición social no mejoraba.

Bajo el régimen de la NEP (Nueva Política Económica) se tolera al comerciante considerándolo como un mal inevitable, pero se le hace objeto de toda clase de vejaciones e injusticias. El *nepman* es el enemigo del proletariado, que al ejercer ahora la dictadura, no tiene ningún escrúpulo en cometer con él toda clase de injusticias sociales. Al *nepman* se le acorrala por todos los medios, se cargan sobre él todos los tributos, se le priva de toda existencia social, no tiene derecho al voto, se niega a sus hijos el acceso a las universidades.

Al lado de cada tiendecita, el Estado abre un establecimiento cooperativo que le haga una competencia ruinosa merced a la exención de impuestos y a todas las ventajas de la protección oficial.

Pero, a pesar de todo, el hombre de la tiendecita, castigado y perseguido siempre, subsiste por un verdadero milagro de vitalidad. ¡Qué formidable fuerza tiene en el mundo el espíritu comercial! De todas las actividades burguesas combatidas por el comunismo, es esta del comercio la que con más pujanza retoña siempre.

El comerciante tiene tal capacidad de adaptación a las circunstancias, que, cuando más segura está la economía comunista de haberlo eliminado, más incrustado en ella se lo encuentra. En la actualidad, el *nepman* ve claramente que no puede luchar con la cooperativa del Estado; ante el régimen de desigualdad de impuestos, la tiendecita privada sucumbe. Pero el comerciante no desaparece nunca; se transforma en agente de compras al servicio de la cooperativa, y dentro de ella sigue trabajando, guiado única y exclusivamente por su afán de lucro personal, que al fin y al cabo encuentra el modo de satisfacerse. Así se da el caso de que la cooperativa del Estado, caída en manos de comerciantes, pierde toda su virtualidad, y el comprador advierte un día que ha de pagar tan caras las cosas en el establecimiento cooperativo como en la tienda privada.

Cuando se constituyen sociedades para el comercio al por mayor, el Estado se queda con el 51% del capital, pero a pesar de este control, el lucro personal subsiste. El *nepman*, perseguido, vilipendiado, privado de todos los derechos políticos y de toda consideración social, llega siempre a hacerse con la verdadera fuerza: el dinero.

Para evitar este retoñar incesante del espíritu burgués, los bolcheviques tendrían que hacer una revolución cada cinco años. La burguesía retoña siempre, y cada vez bajo disfraces más hábiles. El final de esta lucha, que es el final de la revolución, es difícil preverlo. ¿Se perderá el espíritu comunista arrastrado tras una máscara cualquiera del espíritu burgués? A fuerza de disfraces y evoluciones, ¿llegará el espíritu burgués a convertirse, a su pesar, en espíritu comunista?

¡Quién sabe! Yo he visto en las calles de Moscú los escaparates de estas tiendecitas tan perseguidas por los bolcheviques presididos por grandes retratos de Lenin o de Stalin, que estos humildes comerciantes envolvían en una orla de seda roja. Ya sé que se trata de una ficción, que el comerciante no siente ninguna admiración por los *leaders* del comunismo; pero este buen hombre de la tiendecita es tan dúctil y maleable, tiene tanta facilidad para adaptarse… En los países monárquicos, ¿no se les hace monárquicos a fuerza de colocarles retratos de los reyes, y en los republicanos no se convierten a la república por la sola sugestión de las alegorías cromolitográficas?

Ha sido la mujer quien ha sufrido más duramente las consecuencias de la revolución. El tránsito del viejo régimen al régimen comunista se ha hecho principalmente a costa de la mujer. Y, caso curioso, es la mujer rusa la que defiende y, en gran parte, mantiene el comunismo.

Las primeras arremetidas del comunismo fueron contra todos los atributos de la feminidad. Se les quitaba el derecho a educar a sus hijos, se condenaban sus ancestrales virtudes domésticas, se despreciaba su fidelidad al marido y su humildad ante el *pater familias*, se iba, en la propaganda del comunismo, hasta los tibios rincones del hogar que ella había cuidado amorosamente para destruirlos implacablemente al grito de «son prejuicios burgueses».

El efecto de esta propaganda no lo comprenderá nunca un latino, porque así como nuestras mujeres son en la vida social un elemento conservador, la mujer rusa es un formidable fermento revolucionario, no ya en los núcleos puestos al margen de la vida social por el antiguo régimen, sino en todas las clases sociales. El sentimiento revolucionario de la mujer, lo mismo entre las aristócratas que entre las aldeanas, es siempre superior al del hombre.

Súbitamente, la mujer rusa se encontraba en la calle, abandonada por el hombre y desprovista de sus seculares atributos, casi desnuda. Entonces no tuvo más remedio que sumarse a la revolución. Y lo hizo con el fervor que la mujer es capaz de poner en su esfuerzo cuando se cree investida de una misión providencial.

En 1924 había más de sesenta mil mujeres que formaban parte de los soviets rurales, y en la actualidad pasan de cien mil. Los congresos cantonales tienen unos veintitrés mil miembros femeninos, y mil doscientas mujeres trabajando en los soviets de los cantones. En la provincia de Moscú, el 20% de los presidentes de los soviets rurales son mujeres. En los comités ejecutivos provinciales el 21% de los miembros son también femeninos. (Perdón. He formado el deliberado propósito de no hacer en mi reportaje sobre Rusia una sola referencia a los datos estadísticos que tanto aman los bolcheviques, pero en este caso las cifras eran elocuentísimas. No reincidiré.)

En pago a esta colaboración, el comunismo ha dado a la mujer lo siguiente: mayoría de edad a los dieciocho años, con la plenitud de todos los derechos civiles; facultad de ser elegidas desde esa edad para todos los cargos de la Unión, transformación del matrimonio en un simple acto de registro, sin más finalidad que hacer constar oficialmente la comunidad de intereses de dos personas unidas libremente; divorcio a demanda de las dos partes o de una sola; separación de bienes; derecho de la mujer a conservar su apellido, a fijar el lugar de su residencia independientemente de la voluntad del marido. La ley establece, sin embargo, que los cónyuges se deben ayuda mutua en los casos de paro forzoso, de enfermedad o de incapacidad para el trabajo, y estas obligaciones no pueden eludirse ni aun por medio del divorcio. La poligamia está penada, y cada uno de los cónyuges tiene derecho a exigir del otro, antes del casamiento, un certificado médico de sanidad. Los hijos no son legítimos ni ilegítimos; todos son iguales, y sus padres están obligados a alimentarlos y educarlos —en tanto el Gobierno soviético no esté en condiciones de hacerlo—, contribuyendo por partes iguales. En caso de separación de los cónyuges, el que conserve consigo al niño tiene derecho a percibir del otro, sea el hombre o la mujer, una pensión alimenticia.

La mujer trabaja como el hombre y con el mismo salario; tiene acceso a todos los talleres, excepto a aquellos en que la labor se considera nociva para su salud. El trabajo de noche les está absolutamente prohibido, y tienen dos días de descanso al mes con salario; se les paga igualmente el salario durante ocho semanas antes del parto y ocho semanas después. Mientras amamanta al hijo, la obrera tiene derecho a dos interrupciones de media hora cada una durante la jornada de trabajo. Desde 1917 están abolidas las penalidades contra el aborto, aunque éste sólo se puede practicar en los establecimientos sanitarios oficiales, y para ello se tropieza siempre con ciertas dificultades burocráticas, a no ser en los casos en que lo consideren indispensable.

Todas estas conquistas dan un aire bizarro y satisfecho a las mujeres rusas. Cuando ellas se refieren a la vida de las mujeres en los países capitalistas, tienen el mismo tono conmiserativo que las nuestras usan para condolerse de las mujeres mahometanas, por ejemplo. Están tan orgullosas de sus conquistas, que por nada del mundo volverían al régimen anterior. Este fervor revolucionario es tal, que cierran los ojos a la realidad, y ni siquiera ven las terribles dificultades materiales con que tropiezan en la situación actual de Rusia para el desenvolvimiento de su vida. La crisis de trabajo, que de hecho invalida todas las sabias medidas de protección a las trabajadoras, la escasez de viviendas, que impide la formación de matrimonios, y el atraso de la industria, que le priva de lo más indispensable, incluso de vestirse y calzarse, no son para ella más que accidentes. Yo he visto a estas muchachitas comunistas pasear altivamente arrebujadas en una vieja chaqueta de hombre y con un trapo basto de tejido aldeano liado a la cabeza por todo atavío. Es maravilloso ver cómo han prescindido aun de lo que nosotros creíamos sustancial en la naturaleza femenina.

Claro es que esto es sólo en lo que se refiere a la minoría que hoy rige los destinos de Rusia. Pero esta minoría es, de hecho, lo único que hay en la masa amorfa de los millones de habitantes del territorio ruso. Ya sé que, además de estos millares de muchachitas comunistas que van en piernas o con calcetines porque no hay medias, hay muchos miles de mujercitas que darían todas las conquistas de la revolución por un par de medias de seda.

Y, en esto, va a darse un caso muy pintoresco. El Gobierno soviético está invirtiendo grandes sumas en la creación de fábricas de seda artificial distribuidas por todo el territorio ruso. Pero no porque se conduela de esta necesidad burguesa de las jovencitas de la Unión, sino simplemente porque las fábricas de seda artificial se pueden transformar rápidamente en un momento dado en fábricas de productos químicos para la guerra.

¡Prodigio de la Química que vincula la defensa armada de la revolución en la supervivencia de una fruslería gruesa: las medias de seda!

La espantosa mortandad producida en Rusia, primero por la guerra, después por la revolución y finalmente por el hambre de 1921, creó este pavoroso problema de los niños abandonados. El padre había sido asesinado por las balas de los alemanes, de los ejércitos contrarrevolucionarios o de la Checa; la madre había sucumbido de inanición, y por un verdadero prodigio de la naturaleza, el hijo subsistía.

Subsistía en el más completo abandono, viviendo como las alimañas en los campos, como los perros vagabundos en las ciudades medievales y como los pájaros. Millares de chiquillos de ocho, diez o doce años iban a través de Rusia emigrando en bandadas hacia el Sur como las golondrinas cuando se aproximaba el invierno, y retornando en primavera a Moscú y Leningrado. Yo los he visto merodeando por los alrededores de las estaciones camino de Ucrania, del Cáucaso y de Georgia, hacia donde les empujaba el frío en los primeros días de septiembre.

Es maravilloso que hayan podido subsistir. Viéndolos ahora, ya grandullones, curtidos en esta vida heroica que no se diferencia en nada de la vida de las fieras en el desierto, uno se queda sobrecogido de espanto al pensar en los millones de ellos que han debido caer. Porque la vitalidad de los supervivientes es algo milagroso.

Han crecido y se han hecho hombres en el más absoluto abandono, durmiendo en invierno y verano a la intemperie, en los pórticos de las casas, en los tejares, en los cobertizos de las estaciones y en las cuevas de los desmontes, alimentándose exclusivamente del producto de sus rapiñas, pasando hambre, frío y fatigas, sin que jamás se acercase a ellos el hombre como no fuese para perseguirlos y castigarlos. Quisiera saber el concepto que estos muchachos tienen de la humanidad. Debe de ser muy semejante al que tengan los lobos, los zorros o los ciervos.

Pero con ser espantoso el pasado de estos muchachos, su porvenir es mucho más espantoso aún. ¿Qué van a hacer, para qué van a servir en la sociedad humana unos hombres criados como las fieras? Yo confieso que, a despecho de todo sentimiento humanitario, he tenido, siempre que he pasado junto a una de estas bandas de golfillos, una desagradable sensación de miedo y de repugnancia, esa sensación tan clara para los cazadores que hace empuñar mecánicamente la escopeta cuando se advierte la proximidad de una alimaña.

Esta de los muchachos abandonados es la gran vergüenza del régimen soviético. Yo no cometo la injusticia de culpar de ella a los bolcheviques. Ellos han hecho todo lo que podían para evitarla. ¡Pero podían tan poco!

Eran muchos miles los niños que se habían quedado sin hogar a consecuencia de la guerra, de la revolución y del hambre. Ha sido preciso esperar a que se fueran muriendo de hambre, de frío y de abandono.

Afortunadamente, ya quedan pocos; pero el problema que plantea la existencia de esos pocos supervivientes de la mayor iniquidad que han visto las edades es todavía pavoroso. ¿Qué se va a hacer con esos hombres criados como fieras?

Incorporarlos ahora a la vida social es punto menos que imposible. Los soviets han creado escuelas, reformatorios, campos de concentración e institutos para recogerlos y educarlos, pero es inútil. La prueba a que se les ha sometido ha sido demasiado fuerte. El muchacho de quince años que se siente vivo aún gracias únicamente a su fiereza, a su rapacidad, no fía ya más que en su vitalidad y en su instinto; es imposible reducirle a una disciplina social. Sabe que el hombre es el enemigo del hombre, y que sólo la astucia, la agilidad y la resistencia física garantizan el derecho a vivir.

Para volverlos a la civilización, hay que cazarlos como a verdaderas alimañas. Pero a pesar de todos los esfuerzos, aunque se les instale en centros de educación tan perfectos como el que ha creado la GPU en Moscú, fatalmente se escapan y vuelven a su vida salvaje de merodeadores, porque ya se ha creado en ellos una segunda naturaleza selvática que no consiente el contacto con la sociedad.

El peligro que unos hombres así formados representa para un país es imponderable. Afortunadamente, quedan pocos. La muerte, cebándose en ellos, ha desempeñado una misión civilizadora. De subsistir, esta generación de fieras hubiese sido la generación del Apocalipsis.

Como en San Marcos de Venecia, las palomas bajan en la Plaza Roja de Moscú a comer en la mano de los paseantes. Las autoridades soviéticas fomentan este amor al animal y a la planta por medio de una intensa propaganda, y las palomas se han hecho buenas amigas de los bolcheviques.

Esta mañana he visto en la Plaza Roja la siguiente escena:

Bajaban las palomas en bandadas a buscar el sustento que la buena gente les ofrece. Agazapado detrás de una farola, un golfillo de diez o doce años a lo sumo acechaba. Súbitamente, como un gavilán, el golfillo ha saltado de su escondite, ha prendido en la garra una paloma y ha emprendido una carrera desesperada con su presa escondida en el pecho. La buena gente comunista que ha presenciado la escena se ha lanzado en persecución del golfillo. Un guardia rojo le ha intimado a que se detuviera inútilmente. Si le coge, el castigo hubiera sido ejemplar.

Policías, periodistas, soldados...

Los soviets tienen hoy la mejor Policía del mundo. Es tan buena, está tan maravillosamente organizada, que ni siquiera se advierte su existencia. Yo he recorrido Rusia de punta a punta, he andado a mi placer por ciudades importantes y por aldeas, he viajado solo, siempre solo, sin decir a nadie adónde iba ni con qué objeto, en avión, en ferrocarril, en auto y hasta en carro. Nadie me ha molestado nunca, ni me ha pedido un documento, ni me ha puesto la menor dificultad.

Tengo, sin embargo, la impresión de que se me han seguido los pasos y de que se ha sabido en todo momento adónde iba y con quién me entrevistaba. Sería cándido suponer lo contrario. Pero no me ha ocasionado ni la más mínima molestia; como si yo fuese el amo de Rusia. Por eso afirmo que la Policía soviética es la mejor del mundo.

Esta opinión me la han confirmado quienes tienen más motivos que yo para sostenerla: los comunistas de la oposición. Por un extraño azar, durante todo mi viaje por Rusia he ido cayendo sucesivamente en manos de miembros de la oposición más o menos caracterizados, y todos ellos, cuando yo les hablaba de la libertad que tenía para moverme, se sonreían diciéndome: «Tenemos la mejor Policía del mundo. Mientras, usted no haga más que curiosear de un lado para otro, todo irá bien. Pero, por si acaso, no salga usted nunca de su papel de viajero curioso».

Después he tenido ocasión de comprobar la omnipresencia de los agentes de la GPU. Lo ven todo y lo saben todo. Piénsese que no sólo sus directores sino muchos de sus agentes han sido cocineros antes de frailes; es decir, que han estado muchos años burlando a la Policía del zar o cayendo en sus garras. Son, indudablemente, la gente que estaba mejor preparada para organizar una Policía política. Imagínese lo que sería la Guardia Civil española si estuviese algún día en manos de los gitanos.

Como Policía política, la GPU es la mejor del mundo. Ahora bien, como Policía criminal es absolutamente ineficaz. Aún no ha podido reprimir el bandidaje en los campos y en los trenes, y ni siquiera responde de la seguridad del transeúnte que se aventura a horas avanzadas por las barriadas extremas de Moscú. No es su oficio, sencillamente.

Su poder es omnímodo en toda Rusia. El «guepeú» asume todos los poderes y disfruta de la más absoluta inviolabilidad. Esto ha garantizado el orden, cosa que a la gente de temperamento conservador quizá le satisfaga plenamente. Pero los que estamos espiritualmente más cerca de los delincuentes que de la Policía, sentimos cierta angustia al advertir que hay unos individuos privilegiados que tienen en sus manos todos nuestros derechos y nuestras libertades. El hombre netamente liberal no abdica esto ante ninguna garantía de orden, por fuerte que sea.

Para el que no siente este escrúpulo de conciencia ni está animado de propósitos revolucionarios en contra del Gobierno de Moscú, la institución es maravillosa. El «guepeú», consciente de la responsabilidad que en él se deposita, es, en cada caso, la garantía de una justicia inmediata, un poco patriarcal, absolutamente honrada. Todos los pleitos e incidentes de la vida cotidiana los falla en el acto de su planteamiento de manera inapelable el agente de la GPU. En un país todavía desorganizado, como Rusia, la intervención inmediata y por todos acatada de esta autoridad sin límites es altamente beneficiosa.

Yo mismo he tenido ocasión de comprobarlo.

Tuve que hacer un recorrido por ferrocarril y creí que adquirir el billete sería en Rusia una cosa tan hacedera como en cualquier otro sitio. Pero conociendo ya el «tempo lento» que tienen todas las cosas en este país, tuve la precaución de ir a la taquilla a comprar mi billete veinticuatro horas antes de la salida del tren.

El aspecto de las estaciones rusas es sorprendente. Como los viajes a través del territorio ruso son casi siempre de miles de kilómetros, los viajeros se mueven de un lado para otro con una terrible impedimenta de colchones, sábanas, mantas, almohadas, vajilla y provisiones. Algunas familias viajeras llevan hasta el samovar, que en un rincón cualquiera de las estaciones, en su departamento del vagón, en cualquier sitio, preparan cada dos horas para hacerse el inevitable té.

Ante las ventanillas para el despacho de billetes había largas colas de gente que esperaba. Tomé plaza en una de aquellas colas y me puse a fumar cigarrillos y a esperar que me llegase el turno. Pero pasaba una hora y otra y otra, y la cola no avanzaba un paso. Entablé una rudimentaria conversación con mis compañeros de espera por medio de la mímica y de algunas palabras rusas que yo ya conocía y pude saber, con el espanto consiguiente que el despacho de billetes no se abría hasta doce horas más tarde. Además, según me dijeron, sólo habría plazas para los diez o doce primeros puestos de la cola que estaba allí desde el día anterior. Nosotros hacíamos cola para el día siguiente o para el otro. Desistí.

Yo, que estaba dispuesto a adquirir mi billete sin ninguna preferencia, viajando como cualquier hijo de Rusia, reconocía que aquella espera de dos o tres días en una estación para tomar un billete era un esfuerzo superior a la resistencia física de un occidental, y salí de la cola dispuesto a hacer valer mi condición de extranjero para que se me despachase el billete inmediatamente. Emprendí entonces una difícil peregrinación: interpelé uno tras otro a todos los empleados de la estación, llegué hasta el despacho del jefe y formulé mi pretensión ante el que llamaríamos interventor del Estado. Todo inútil. La contestación era siempre la misma: en la Rusia comunista todo el mundo tiene los mismos derechos. Yo debía esperar, como cada cual, a que me llegase mi turno.

Estaba ya resignado por la fuerza de los hechos cuando pasé casualmente ante un puesto de vigilancia de la GPU. ¿No dicen que la GPU es omnipotente en Rusia? Vamos a ver si ella me consigue un billete de ferrocarril.

Entré y expuse mi deseo al comandante del puesto, quien, atendiendo a mi condición de extranjero, lo estimó muy razonable.

—Le despacharán a usted el billete hoy mismo.

—Le advierto que he hablado con el jefe de la estación, quien me lo ha negado.

—Irá usted de nuevo recomendado por la GPU.

—Es que, según creo —aventuré tímidamente—, parece que no hay plazas libres en el tren.

—Usted irá en ese tren —me dijo—. Diez minutos antes de la hora de partida esté aquí con su equipaje.

Así lo hice, y efectivamente, allí estaba mi billete y mi plaza reservada en un magnífico vagón de primera clase. Porque, eso sí; en Rusia es difícil obtener un billete de ferrocarril, pero cuando se ha obtenido, se viaja mejor, con más lujo y comodidad que en ninguna parte del mundo. No es una cosa excepcional para extranjeros, no. Los trenes rusos son los más confortables y los más baratos del mundo. Ahora bien: no hay ni la mitad de los que se necesitan.

He relatado esta intervención de la GPU a favor mío porque demuestra cómo actúa esta fuerza policiaca. No porque me satisfaga. Yo, la verdad, en lo íntimo de mi conciencia hubiese preferido esperar los tres días a pie firme en la estación a sentir netamente la influencia de ese poder absoluto, sin ningún control, que campea hoy en Rusia.

—¿Cómo se ejerce en Rusia la censura de Prensa? —he preguntado en Moscú a un periodista.

—Aquí no se ejerce la previa censura —me ha contestado—. Los periódicos publican todo aquello que sus redactores jefes creen que debe publicarse.

Cuando ha visto que yo me sonreía, mi interlocutor se ha apresurado a aclarar:

—Claro es que los redactores jefes de los periódicos creen que sólo puede publicarse aquello que conviene al Gobierno. No crea usted que nos preocupa la necesidad de dar una apariencia de libertad a la Prensa; no. El periódico está absolutamente en manos del Gobierno de Moscú, y así debe ser. El cargo de redactor jefe de un periódico es un cargo político que se otorga sólo a personas de la confianza del Gobierno, absolutamente identificadas con su política; el periodista es un funcionario más de la máquina administrativa.

El partido comunista no tiene por la Prensa ninguna simpatía. Los bolcheviques consideran el ejercicio del periodismo como la manifestación más clara del servilismo de los intelectuales a la burguesía. Esta enemistad está sobradamente justificada. Los *leaders* del bolchevismo han sido víctimas de las más furiosas campañas de la Prensa, y todavía son los periódicos dependientes económicamente de las empresas capitalistas los que mantienen en el mundo el cerco al comunismo. Cuando en los primeros días de noviembre de 1917 los bolcheviques eran dueños de Petrogrado, y los obreros, soldados y marinos, ejecutando las disposiciones del Comité Militar Revolucionario reunido en el Instituto Smolny, ocupaban triunfalmente las calles de la ciudad, todavía los periódicos de Petrogrado, fieles a la causa de la burguesía, más o menos disimuladamente, arremetían contra ellos ferozmente, y dando gritos de espanto ante lo que llamaban el fin de la civilización, azuzaban a la juventud intelectual y burguesa lanzándola al combate contra los proletarios.

Para los bolcheviques, la Prensa no merece ninguna consideración de índole moral; no es más que un arma de combate absolutamente inerme por sí sola, de la que se dispone desde el Poder como se dispone de las ametralladoras o de los carros de asalto. Se incautaron de ella del mismo modo que se incautaron de los depósitos de municiones, y no han tenido nunca la sospecha de que, actuando independientemente del Poder público, la Prensa pueda realizar ninguna función social.

«Es cierto —decía Trotsky— que escribimos bastante mal, que los artículos de fondo de nuestras *Izvestias* están llenas de párrafos mal construidos y plagados de contradicciones (¿cómo hubiera sido posible, sin contradicciones?), y que se ha perdido aquel estilo periodístico tan acabado que teníamos antes de la revolución de noviembre, cuando Miliukov babeaba la prosa exquisita de sus artículos de fondo y Hessen servía maravillosamente al público los mejores bocados de los procesos de divorcio, pero la verdad es que todos esos "desnatadores de cultura" lo que hicieron fue liquidar la revolución de 1905 con sus brillantes prosas periodísticas.»

En el régimen comunista, los periódicos, siguiendo este criterio, no son más que escuderos de la revolución. Se les ha podado implacablemente todo aquello que pudiera ser una reminiscencia burguesa y se les ha convertido en boletines oficiales del Gobierno.

Para no dejar al periodismo tradicional ni siquiera el valor social que tiene como portavoz de las masas populares, los comunistas crearon y fomentaron los llamados periódicos murales, una especie de tablilla de anuncios colocada a la entrada de todas las fábricas y oficinas, donde los obreros pegaban sus comunicados manuscritos con sus reclamaciones, sus críticas y sus alabanzas. Este sistema rudimentario de expresión de la voluntad popular acababa de quitar toda su importancia a la Prensa y daba satisfacción a la necesidad que tiene el pueblo de manifestarse sin ocasionar un grave peligro para la dictadura por la escasa difusión que aquellas opiniones inmovilizadas en un paredón podían tener.

Los periódicos murales están hoy en franca decadencia; los obreros han ido cediendo en el fervor intervencionista de los primeros momentos de la revolución, y cada vez acuden menos con sus quejas a estas tablillas que antes llenaban a diario con sus escritos. Yo he visto infinidad de periódicos murales en los que no hay más muestra de expresión popular que alguna divagación teórica sobre el marxismo o los pinitos literarios de algún obrero amarilleando bajo los efectos del sol de muchas semanas.

A pesar de todos sus pecados, el periodismo es insustituible. El partido comunista no ha tenido más remedio que respetar su forma tradicional y darle una apariencia de libertad, aunque en el fondo lo tenga completamente sometido.

El régimen de Prensa de los soviets es bastante curioso. Los periódicos tienen una gran libertad para tratar de todas las cuestiones de las Administraciones según el criterio personal de sus redactores. En cambio, no se les consiente ninguna discusión de carácter doctrinal. Para la Prensa soviética, no hay más que una doctrina social: el marxismo; ni más interpretación de ella que la del Gobierno de Moscú.

El sistema es radicalmente distinto del que siguen los Gobiernos burgueses en sus coacciones sobre los periódicos. Por lo general, todas las dictaduras que se apoyan en el capitalismo utilizan la censura de Prensa para impedir las campañas dirigidas contra la Administración, y en cambio dejan una gran libertad para las discusiones doctrinarias. En España, por ejemplo, mientras no se sale de lo que pomposamente llaman «la región serena de las ideas» —es decir, la región de los tontos teorizantes— es posible hacer declaraciones concretas incluso de fe anarquista o comunista, pero no hay modo de deslizar la más leve censura contra el último funcionario de Estado, por muy ladrón y muy canalla que sea.

El Gobierno soviético, por el contrario, consiente todas las campañas contra la Administración. Recientemente algunos periódicos de Moscú han arremetido contra el comisario del Pueblo Lunatcharsky, al que acusaban de haber pasado una temporada en el extranjero en compañía de una célebre artista haciendo una vida perfectamente burguesa. Mientras estuve en Rusia, seguí atentamente las contestaciones que los obreros daban a una encuesta abierta por *La Gaceta de Moscú*, que preguntaba a los trabajadores las razones que tenían para no figurar en el partido comunista. Me hice traducir literalmente una de las contestaciones publicadas, que decía así: «No soy comunista porque me repugnan las inmoralidades de la burocracia del partido». Y debajo la firma y la dirección del que así opinaba.

Pruebe el que quiera a hacer una declaración semejante en España.

Esta libertad desaparece en cuanto se trata de asuntos de política exterior. De lo que pasa en el extranjero, el ciudadano de la URSS no tiene más noticias que las que le facilitan los boletines oficiales del Comisariado de Negocios Extranjeros. La incomunicación del pueblo ruso con el resto del mundo es absoluta.

Sólo aquellos acontecimientos a los que puede darse una interpretación revolucionaria ganan las columnas de la Prensa. Yo he podido comprobar cómo personas cultas que estaban al tanto del movimiento científico e intelectual de todos los países se hallaban absolutamente desorientadas en cuanto se refiere a la política internacional, hasta el punto de ignorar incluso la existencia de hechos de importancia capital para la marcha política del mundo.

En cambio, una mañana me he encontrado en un periódico de Moscú con dos columnas llenas de información sobre una huelga obrera planteada entonces en Sevilla, a la que se atribuía en Moscú una importancia política que yo, español, ni sospechaba siquiera.

Cuando quise informarme en Moscú de lo que es en la actualidad el Ejército Rojo, se apresuraron a decirme:

Los efectivos militares de Francia en el presente año son de 633.171 hombres; los de Inglaterra, 512.801;

Italia, 550.470; los Estados Unidos, 303.869; Polonia, 284.000; Alemania, 99.191.

Rusia tiene este año un ejército de 775.000 hombres. El ejército más formidable del mundo.

Pero no hay que alarmarse demasiado. Esta cifra de 775.000 hombres, que teóricamente es cierta, en la práctica, atendiendo a la verdadera realidad, se reduce considerablemente. Los cuadros del Ejército Permanente, en el que se presta servicio obligatorio durante dos o tres años, no pasan de la mitad de esa cifra. Pero a este ejército se agregan los efectivos del Ejército Territorial, que forman una suerte de milicias locales en las que no se presta servicio más que durante seis meses, repartidos en periodos de dos; el Ejército de Instrucción, formado por trabajadores intelectuales en su mayoría, también con un tiempo de estancia en filas muy reducido, y las Tropas Especiales al servicio de la GPU.

El Ejército Territorial y el Ejército de Instrucción carecen casi en absoluto de efectividad bélica; pero el espíritu militarista triunfante en la URSS exalta y desfigura su verdadera importancia, porque el ideal de los revolucionarios de hoy es el de presentar a Rusia como el país más militarista y más formidablemente armado del mundo.

Desgraciadamente para ellos, el escaso desarrollo industrial de Rusia coloca a este amenazador militarismo en una situación de absoluta inferioridad. Esas enormes masas de jóvenes rusos, a los que se ha inculcado un fervoroso sentimiento guerrero, no podrán lanzarse a luchar con el mundo capitalista porque carecen de motores de aviación, de fábricas de productos químicos y, en general, de casi todo el material que exige una guerra moderna.

Pero si el Ejército Rojo es ineficaz para emprender por sí solo la lucha con el mundo capitalista, es un formidable instrumento de ataque contra las nacionalidades vecinas, Polonia, Lituania, Letonia y Estonia, y sobre todo, es la garantía de la continuación del régimen.

Descartado por ahora el ideal de la revolución mundial, para ayuda de la cual el Ejército Rojo tampoco serviría por su falta de material moderno, resulta que los bolcheviques han creado y sostienen un formidable militarismo con todas las lacras morales del militarismo, y sin más fines que los que se le adjudican en los países burgueses: la conservación por la fuerza del desorden establecido y la exaltación del nacionalismo en daño de los nacionalismos limítrofes.

Este del militarismo es uno de los aspectos más desagradables de la Rusia soviética. Teóricamente, la revolución no admite más ejército que esas milicias locales con tiempo de servicio muy reducido que hoy forman el Ejército Territorial; pero en la realidad se está llegando a la militarización de todas las fuerzas nacionales, hasta el extremo de que en las últimas maniobras ha sido movilizada incluso una gran parte de la población civil.

Pero lo más amenazador de Rusia no es la cifra de sus efectivos militares, sino el espíritu militarista que se ha desarrollado en el pueblo. El soldado bolchevique no se parece en nada al soldado de los ejércitos burgueses. Antes que de tener un ejército grande, el Gobierno bolchevique se ha cuidado de tener un ejército selecto. Lanzó como un señuelo, para atraerse a los mejores a esta servidumbre militar, el grito de que la defensa de la revolución con las armas en la mano era un honor que se reservaba sólo al proletariado, y mediante un sistema de reclutamiento absolutamente arbitrario pudo ir eliminando uno por uno a todos aquellos elementos que hubiesen podido representar un peso muerto o una tendencia pacifista dentro de los cuadros del ejército.

Del servicio militar, está prácticamente excluido todo aquel que es sospechoso, no ya de contrarrevolucionario, sino de antimilitarista. Se da el caso de que se acoge con menos reserva en el Ejército Rojo a los oficiales zaristas y a los elementos de los ejércitos blancos que a los bolcheviques de tendencias antimilitaristas.

Basta acercarse a un campamento del Ejército Rojo o presenciar el desfile de un regimiento por las calles de una ciudad para advertir netamente la fuerza moral de unas tropas así formadas y reclutadas. Yo recuerdo el desfile de unos batallones por las calles de Vladicaucas como una de las sensaciones bélicas más fuertes que he tenido en mi vida.

Con paso tardo, y abrumados bajo el peso de su equipo de guerra, aquellos mocetones, vestidos con uniformes pardos y viejos, desfilaban haciendo temblar el suelo bajo sus botas embreadas. Nada de colores brillantes, ni de condecoraciones, ni de galones de oro y plata. Una masa oscura que se arrastraba lentamente.

Nada de cascos de acero, ni de charangas, ni de plumajes vistosos. Todo el aparato de los ejércitos burgueses estaba suprimido. Sólo las grandes botas, las enormes mochilas, los cascos de cuero y, sobresaliendo, las puntas de las bayonetas y las canciones guerreras de los soldados.

El soldado rojo desfila siempre cantando. Durante la marcha, se acompaña él mismo con una melopea triste y amenazadora formada por mil voces desiguales que van repitiendo unas terribles palabras de guerra. Cada pelotón de soldados canta su canción preferida; pero todas ellas tienen el mismo estribillo. Una frase que, al rato de estarla oyendo mientras los batallones pasan, llega a ser una obsesión: la guerra, la guerra, la guerra.

Desde Moscú al Cáucaso
Cómo se viaja por Rusia

El territorio ruso está cruzado hoy de parte a parte por las líneas de aviación comercial. Había que asegurar un medio de transporte rápido a través de la inmensa Rusia, y el Gobierno de los soviets, haciendo un considerable esfuerzo, ha logrado constituir varias empresas netamente rusas o ruso-alemanas que prestan un servicio regular diario entre las ciudades más importantes de la Unión.

Las enormes distancias de Rusia hacían este servicio indispensable. Para trasladarse desde Moscú a Bakú, por ejemplo, se invierten cerca de cinco días de ferrocarril; en avión, Moscú está del extremo meridional de Rusia a unas treinta y seis horas.

Camino de Bakú, salimos esta mañana en uno de los aviones de la Ukrowosdujputj cuando aún no raya el día. Tenemos por delante veintitantas horas de avión. Hacemos el viaje en compañía de un curioso tipo que sería desconcertante en Europa; el camarada Rojklin, comunista militante. Él va a ser el héroe de nuestra excursión.

Volar sobre territorio ruso, hay que repetirlo, es, sencillamente, como seguir una ruta con el dedo sobre el mapa. Durante miles de kilómetros no hay el más mínimo cambio de decoración. La tierra rusa es una vasta planicie perfectamente diferenciada de las zonas montañosas, y en ella no se dan esos accidentes constantes de España, donde el llano, la meseta y la montaña alternan cada cien kilómetros. Volando sobre Rusia puede verse en una extensión de muchos cientos de kilómetros la línea circular del horizonte cerrando los campos de siembra inacabables, en los que la corteza terrestre se parece a la corteza de un gran pan redondo a la que no le faltan ni siquiera las grietecillas que le abre la cochura.

Y así toda Ucrania. Jarkov, la capital, en medio de esa inmensidad de los sembrados de trigo, no es el exponente de riqueza de esta vasta República, como podía pensarse. Contemplando la ciudad de Jarkov desde el avión, se advierte en seguida que el campo es mucho más fuerte que las ciudades de Ucrania. La ciudad no pasa de ser un centro burocrático; lo indispensable. La verdadera fuerza de Ucrania no ha emigrado todavía del campo a la ciudad, como en la provincia de Moscú, por ejemplo, donde los campesinos llegan en oleadas a los arrabales de la ciudad abandonando cada vez más la vida aldeana. El amo de Ucrania no es el ciudadano, sino el campesino. Las isbas infinitas diseminadas por el inmenso territorio se imponen a las ciudades. Unos cientos de kilómetros más abajo, Rostov muestra ya cierto poderío urbano. Es la cuneta del Don, la proximidad del mar Negro, lo que da a la ciudad una vida propia, libre de la tiranía de los campesinos. Rostov es la ciudad que puede vivir por sí misma, con una fuerte industria, cruce de importantes caminos. Más comunista, pues, que Jarkov.

En el aeródromo de Rostov tenemos el último contacto con lo que pudiéramos llamar la soberanía de Occidente. Vamos a entrar en la región del Cáucaso, donde ya el europeísmo va cediendo a la influencia cada vez más fuerte del Sur y del Oriente.

Horas y horas las aspas del pequeño Farman que ahora nos conduce van quebrantando el silencio de los campos. Volamos casi a ras de tierra sobre los sembrados. Los campesinos, al sentir el zumbido del motor, levantan un momento la cabeza doblada sobre los surcos y nos saludan jubilosos. Estos aviones que diariamente cruzan sobre las remotas aldeas son uno de los instrumentos de propaganda política más eficaces del Gobierno ruso. Hay que imaginarse el desconcierto del campesino, que para llegar a la estación más próxima del ferrocarril había de hacer a veces cientos de verstas sobre su carricoche, al ver cruzar sobre su cabeza el pájaro metálico que salió de Moscú aquella misma mañana.

Ya vencido el día, cruzamos sobre Armavir, el punto de encuentro de casi todas las líneas férreas del Sur de Rusia, y seguimos siempre a ras del suelo hacia Vladicaucas. El sol está ya muy bajo, y el piloto fuerza cada vez más la velocidad del avión. Marchamos a más de doscientos kilómetros por hora.

En el horizonte empiezan a adivinarse las sombras de la cordillera caucásica, y poco después se recortan ya netamente en el fondo rojo del cielo las moles de los gigantes del Cáucaso: Elbrús, Kastan, Kazbek...

Súbitamente, el avión da una sacudida que nos lanza de nuestros asientos. Gruñe un poco el motor, y apenas tenemos tiempo de advertir que la tierra se levanta mágicamente, y después de tropezar con ella, el avión da unos aletazos y se queda gruñendo y bufando sobre un campo de girasoles.

El piloto nos explica. Ha habido una pérdida de aceite y el motor se ha quemado. No se puede continuar.

Bueno. ¿Y dónde estamos?

A la derecha de nuestra ruta se levanta la imponente barrera del Cáucaso. La gigantesca mole de Elbrús con sus cinco mil seiscientos metros de altura se halla precisamente frente a nosotros. La luz roja del sol poniente tiñe la nieve perpetua de su cima y le hace parecerse a un sorbete de fresa dispuesto para la divinidad.

Llega corriendo un campesino que habla una lengua absolutamente incomprensible, no ya para mí, sino para los rusos que me acompañan. Poco a poco van llegando más campesinos y logramos informarnos.

Estamos cerca de la aldea de Svorovska, situada a veintitantos kilómetros de Mineralovodsk.

La primera impresión que nos producen estos campesinos del Cáucaso que van llegando de los cuatro puntos cardinales para curiosear el avión caído es poco tranquilizadora. Sobre las ropas en jirones no falta nunca el *kinyal* —cuchillo—, el pistolón o la browning. No se crea, sin embargo, que son éstas unas tribus salvajes y guerreras. Todo el Cáucaso está civilizado hasta donde lo ha permitido la potencia económica de la región, pero de una parte el tradicionalismo del elemento cosaco aferrado a su cherkeska típica con las cartucheras en el pecho, y de otra los núcleos musulmanes, que no desamparan jamás el cuchillo corvo, grande como un alfanje, dan un aspecto guerrero a la gente.

Aparte de que, hasta hace poco, en el armamento de la población no todo era color local. La guerra civil armó a las poblaciones en masa contra las bandas de Denikin, y hasta hace un par de años las cuadrillas de merodeadores hicieron necesaria la defensa personal. Los soviets no se han atrevido todavía a acometer el desarme de la población civil, pero reprimen con dura mano, por medio de los tribunales de justicia, todos los crímenes, principalmente los originados por la venganza y el odio entre las familias; aquí frecuentísimos.

Acuden también, para ver de cerca el aeroplano, muchas aldeanas, con la rastra de infinitos chiquillos, casi en cueros, sucios, comidos de viruela. El calzado es un privilegio reservado exclusivamente para el varón adulto. Las telas con que cubren sus cuerpos son de la más rudimentaria industria aldeana.

El avión está absolutamente imposibilitado para continuar el viaje. Entramos en negociaciones con uno de aquellos campesinos, que por unos rublos se brinda a llevarnos en un carricoche hasta la aldea próxima. Ya allí, veremos lo que se puede hacer.

Mientras, ha ido cayendo la noche. Elbrús proyecta sobre la campiña llana la sombra de su ingente masa, y los grupos de campesinos se alejan cantando. Cada voz del coro que forman va dando una misma nota repetida, al que contestan las otras voces, cada una con su nota invariable. El efecto que esta melodía rudimentaria produce es emocionante.

El carricoche del aldeano se pone en marcha, llevándonos encaramados sobre unos haces de hierba. El tránsito por los caminos de Rusia es un arrastrarse penosamente con espantoso traqueteo sobre los surcos y los arroyuelos, con la impresión de que no se avanza un paso en aquella inmensidad. Para soportarlo, es preciso tener el sentido del tiempo que tiene esta gente. Su sentido del tiempo y sus riñones.

Cuando llegamos a la aldea de Svorovska es cerca de la medianoche. No hay en todo el poblado más iluminación que una lámpara de petróleo colgada a la puerta de una de las chozas más grandes: la oficina de la GPU.

Es imposible quedarse a dormir allí como no sea en uno de los pajares. He inspeccionado el interior de una de estas viviendas aldeanas y no es nada agradable quedarse a pasar en ella la noche. Para poder llegar cuanto antes a la estación de ferrocarril nos ponemos de acuerdo con la única persona inteligible que hay en Svorovska: un granjero alemán.

Toda Rusia, sobre todo el Sur, está poblada por estos alemanes que vienen a cultivar esta tierra feracísima que, a pesar de todas las trabas revolucionarias, les rinde pingües beneficios. Este granjero engancha su caballejo a una especie de tartana, y, saltando sobre las veredas, nos lleva hasta la línea del ferrocarril.

No es realmente una estación, sino un apeadero, lo que encontramos. El tren de viajeros ha pasado ya hace mucho tiempo, y hasta mañana, bien entrado el día, no podremos, en ningún modo, partir.

El camarada Rojklin pide entonces al jefe de estación que nos deje marchar en uno de los trenes de mercancías que durante toda la noche están pasando por allí. Se niega al principio el jefe, pero nuestro compañero de viaje insiste, y como argumento decisivo muestra su carné de comunista militante.

Ser comunista en Rusia es como pertenecer a una clase aristocrática. Los comunistas han formado desde luego una especie de aristocracia que es la que rige hoy los destinos de Rusia. El acceso a esta clase es tan difícil como el acceso a cualquier aristocracia. No es comunista todo el que quiere.

Se ha dicho, para demostrar la inconsistencia del régimen soviético, que los comunistas no pasan en Rusia de setecientos mil, pero este argumento es falaz. Si los comunistas abriesen la mano en la admisión de afiliados, si no fuesen tan duros en las depuraciones que hacen frecuentemente para excluir de sus filas a todos los que no les merecen una absoluta confianza, podrían volcar íntegro el censo de Rusia en el partido. Todo habitante de Rusia consideraría hoy como un privilegio el pertenecer al partido.

Tampoco quiere decir esto que toda Rusia sea comunista, no. Es que el comunista goza de una situación privilegiada que todo el mundo envidia.

Ante el deseo del camarada Rojklin, el jefe de estación se lava las manos y nos autoriza a partir en el primer tren de mercancías que se detenga en el apeadero. Pero cuando al fin llega un tren surge una nueva dificultad. El conductor del tren, al informarse de nuestra pretensión, se niega terminantemente a llevarnos.

Según dice, aquella zona está infestada de ladrones de trenes. Aun en los trenes de viajeros los robos son diarios. Cada tren lleva, sin que haya manera de evitarlo, junto con sus guardafrenos y sus fogoneros, sus ladrones propios. En los trenes de mercancías esto es mucho más grave; la lentitud de los convoyes, que permite subir y apearse en marcha fácilmente, y además la dificultad que existe en Rusia para procurarse billetes de ferrocarril, hacen que los trenes de mercancías vayan cargados de viajeros clandestinos nada recomendables que, si a más de viajar sin billete pueden llevarse algo, tanto mejor.

—Ustedes —nos dice el conductor del tren— llevan sus equipajes y la valija del avión, y yo no puedo responder de la suerte que corran en los vagones sin vigilancia. Como no encuentren un agente de la GPU que les dé escolta, no pueden venir en el tren. Yo no respondo.

—Respondo yo —intervino el camarada Rojklin.

—¿Con qué me respondes tú, camarada?

—Con mi carné de miembro del partido comunista y con esta pistola. Vamos al tren.

El camarada Rojklin quitó el seguro a la browning, metió una bala en el cañón y nos invitó a subir a un furgón donde, parapetados detrás de la casilla de un guardafrenos, recorrimos un trayecto de veinticinco kilómetros en unas dos horas y media, viendo cómo por los techos de los vagones saltaban unas sombras nada tranquilizadoras.

**En los sanatorios del Sur
Los trabajadores responsables**

Al lado de la estación de Mineralovodsk hay un pabelloncito con cinco o seis grandes habitaciones en las que se alinean hasta cuarenta o cincuenta camas. Es el alojamiento de los viajeros de esta línea, en la que hay cruces importantes que a veces obligan a una detención aquí de ocho o diez horas. Este *evacopunt* de la estación de Mineralovodsk es uno de los lugares más característicos de la nueva vida impuesta en Rusia por el comunismo.

Todos los viajeros del Sur de Rusia, incluso los de las líneas aéreas, han de hacer noche en este *evacopunt*, que es exactamente como el dormitorio de un cuartel o un hospital. Limpio, sí, pero descuidado, inconfortable, con ese ambiente desagradable de las cárceles, los cuarteles, los monasterios o los hospitales, que por muy modernos e higiénicos que sean dan siempre la sensación insufrible de la manada humana. Es lo peor del comunismo. Para soportarlo será preciso dotar a la gente de una nueva sensibilidad.

Yo creo que esta gente la tiene ya. El pudor de la intimidad, el escamoteo que de sus necesidades elementales y de su vida privada hace el hombre civilizado en relación con sus semejantes, no existe aquí. La vida en la Rusia comunista se hace auténticamente en común, en comunidad, y el hombre convive con el hombre tan íntimamente que no hay repliegue de su personalidad ni movimiento o necesidad fisiológica que se oculte a los ojos de los demás. Esta vida en común acaso aproxima más a los hombres, tal vez sirve para destruir ese falso sentido de la personalidad que se tiene estando encerrado en la celdita hermética del hogar; pero para llegar a esto, ya digo, hace falta una sensibilidad distinta de la que hoy tienen las masas burguesas.

Mostrar a los semejantes el fondo de animalidad neta que hay en la vida del hombre es, para nosotros, hasta ahora, un pecado de lesa civilización. Para el comunista, no.

Esta noche, en el *evacopunt* de la estación de Mineralovodsk, yo he estado observando atentamente cómo los tipos más extraños a mí venían a cobijarse bajo el mismo techo que yo y en la misma penumbra de la habitación destapaban su intimidad y me hacían partícipe de ella. Indudablemente, el hombre que se abandona al sueño junto a mí, y el que pasa la noche en vela a mi lado mostrándome sin rebozo la inquietud de su espíritu, y el que sueña en voz alta sus quimeras, y el que cuenta su pesadilla, y el que se queja de sus males, y el que ronca plácidamente, y el que por la mañana ofrece el espectáculo de sus abluciones, y el que no se abluciona, y el que exhibe la pobreza de sus ropas interiores en contraste con su testa magnífica, y el que al levantarse reza, y el que gruñe, y el que maldice, y el que canta están, en definitiva, en un contacto más humano conmigo que toda esa gente burguesa en cuya intimidad no se puede penetrar nunca ni por un resquicio, aunque pase años y años a nuestro lado sin más separación que un delgado tabique.

Teóricamente, la diferencia del concepto de la vida que tienen el burgués y el comunista estriba en que uno cree que hay una parte de humanidad que es pecado exhibir, y el otro considera que todo lo humano debe mostrarse sin hipocresías. El burgués se avergüenza de ser como es, y ahorra a sus semejantes el espectáculo de su parte impura; considera que hay un sector de su existencia que es perfectamente vitando, y lo oculta. El comunista, por el contrario, no tiene vergüenza de nada. Así es el hombre y así debe manifestarse.

Hay que admitir que el hombre es mejor cuanto más desnudo está. Yo creo que la humanidad no será absolutamente humana mientras no saque a la luz del día ese fondo turbio, inexplorado, cerrado bajo siete candados morales que hay en ella. Pero yo tengo todavía una sensibilidad exacerbada, un pudor de herencia inmediata, un arrastre de viejas supersticiones que me hace rechazar el contacto con el hombre tal como es, en estado de naturaleza.

En la Rusia comunista, uno se siente saturado de humanidad, ahíto de vaho humano. Y esto, aunque parezca extraño, son muy pocos los hombres de nuestro tiempo capaces de soportarlo.

Todos esos tipos de intelectuales, artistoides, platónicos amantes de la humanidad que en Occidente sienten veleidades comunistas se horrorizarían si vieran de cerca lo que es la vida comunista. Y no lo digo en daño del comunismo, sino de ellos.

He pasado varios días recorriendo la zona de sanatorios del Estado en el Cáucaso. Hay, sobre todo, un grupo de estaciones termales consagradas exclusivamente al descanso y curación de los trabajadores que revela un aspecto interesantísimo de la vida actual en Rusia.

Las principales estaciones sanitarias de esta zona son Zheleznovodsk, Piatigorsk, Beshtau, Kislovodsk y Mineralovodsk, pueblos dotados de famosos manantiales de aguas minerales con virtudes curativas para muy diversas enfermedades. Esta zona era una de las preferidas por la burguesía y la aristocracia, y en ella se han levantado magníficas quintas de recreo, hoteles y balnearios. Era éste el lugar donde las gentes acomodadas de Moscú y San Petersburgo venían a descansar y a reponer su salud.

El Gobierno soviético, apenas terminada la guerra civil, se incautó de todas esas posesiones particulares y las transformó en sanatorios para la clase trabajadora. Aparte los grandes establecimientos termales, que no han hecho más que cambiar de huéspedes, hay muchos centenares de fincas particulares que han sido transformadas en casa de reposo para los obreros. En ellas siguen incluso los mismos criados del antiguo *barine* que hoy prestan sus servicios al *tobarich* carpintero, minero o albañil que el Gobierno de Moscú les manda. Como había millares de estas fincas, y donde antes vivía un solo señor hoy se acomodan holgadamente veinte o treinta trabajadores, que cada dos o tres meses se renuevan, la cifra de obreros que gozan de esta asistencia social es realmente considerable.

El régimen que se sigue para la concesión de plazas en los sanatorios del Estado es simplicísimo. Basta acreditar que se pertenece a la clase trabajadora y poseer un certificado médico afirmando que se está necesitado del régimen de reposo en un sanatorio. Los comunistas tienen un concepto más humano que el nuestro sobre la salud de los trabajadores. Todo hombre que trabaja está en un estado patológico, padece por lo menos la intoxicación por la fatiga del esfuerzo que realiza y tiene derecho cada año a una temporada de quietud y restauración fisiológica. Así, pues, la concesión de plazas en los sanatorios no está limitada más que por la capacidad de éstos, que, como ya decimos, es considerable.

Desde el momento en que el hombre ha obtenido plaza como enfermo, el Gobierno se incauta de él y le procura todo lo necesario. Desde el viaje hasta la alimentación, la asistencia facultativa e incluso el vestido. Durante esos meses que el obrero pasa en el sanatorio no ha de tener preocupaciones de ninguna clase.

El espectáculo que ofrecen estas estaciones termales tomadas por la clase trabajadora es curiosísimo. Los agüitas se entregan a las curas impuestas por prescripción facultativa con el mismo fervor y la misma liturgia que los burgueses de Vichy, Mondariz o La Toja. Tienen, además, para alegrar el tedio de la vida balnearia, los antiguos kursales, convertidos hoy en salas de conciertos sinfónicos, porque una de las cosas más características del comunismo puro —es decir, del comunismo de provincias, no el de Moscú— es la implacable supresión de toda frivolidad. Nada de bailarinas, ni de cupletistas, ni de prestidigitadores, ni de números cómicos. Música sinfónica a todo pasto y agua mineral.

Los efectos del régimen de reposo en esta pobre gente que ha estado trabajando toda su vida en el pozo de una mina o en la sordidez de un taller sin aire y sin luz son emocionantes. Los domingos se les ve salir de excursión por los pintorescos alrededores de los sanatorios, llenos de júbilo y orgullo, con una graciosa petulancia de burgueses, de nuevos ricos. Sobre todo, el atavío de estas pobres mujeres, que tanto han sufrido con la revolución, es, en los días de fiesta, conmovedor. Quieren ser graciosas y gentiles y se prenden ingenuamente unos chales de colores y unas pamelas con flores contrahechas que son un prodigio de mal gusto e insensatez. Pero, en fin, ellas estaban viviendo una vida triste en el fondo de las fábricas y los hogares y ahora se sienten felices triscando libremente por los campos.

Esto de la coquetería femenina es, sin embargo, una supervivencia burguesa. La comunista auténtica no se atavía más que con su propia belleza. La moral comunista —que para los burgueses no es más que una deliciosa o terrible inmoralidad— les permite exhibirse con la falda por el muslo, el pecho, la espalda y los brazos absolutamente desnudos. En cuestión de moralidad, el comunismo no prescribe más que lo que cuesta dinero.

Lo curioso es que las jóvenes que no han sido mujeres más que dentro del régimen comunista no sienten la necesidad del atavío ni tienen más coquetería que la de su desnudez. En cambio, las mujeres de treinta a cuarenta años, las que han conocido la feminidad en el viejo régimen, por muy comunistas que sean, no desechan del todo las viejas galas burguesas y se sienten felices luciendo sus cintas de seda, sus pañuelos bordados y sus flores de trapo.

Por entre esa gran masa trabajadora que llena los sanatorios del Estado, se deslizan desde hace dos o tres años algunos tipos de burgueses que tímidamente vuelven a los viejos lugares de placer y sosiego creados y sostenidos otro tiempo por ellos. Esta pobre gente burguesa que viene a las estaciones termales con sus propios recursos económicos padece aquí, como en toda Rusia, las consecuencias de un régimen fraguado precisamente en su contra. Todo lo que el trabajador tiene absolutamente gratis, no lo consigue el *nepman* o el *kulak* más que a precios exorbitantes y a costa de enormes dificultades. El alojamiento, la manutención, el transporte, la asistencia facultativa, el agua medicinal, las diversiones, todo es objeto de una explotación fabulosa para el que no pertenece a la clase trabajadora. No se concibe cómo en este régimen de implacable desigualdad hay gente todavía aferrada a sus aspiraciones burguesas.

La posición del comunista ante el burgués es indeclinable. Que pague, que sufra, que reviente. Podrán los comunistas, si los necesitan, pactar con los burgueses, aprovecharse de sus virtudes, utilizarlos para el desempeño de esas funciones en las que estaba educada la burguesía capitalista, pero siempre, en todo momento, la vida de Rusia, tal como está organizada por los bolcheviques, se encamina a la extirpación del burgués.

Cuando no se conoce la vida de Rusia ni se ha visto de cerca la acción personal de los hombres que mantiene el régimen comunista, extraña un poco la frecuencia con que estos hombres, «los trabajadores responsables», como aquí se llama a los que nosotros llamamos políticos, se inutilizan, fracasan físicamente, se rompen. El caso de Trotsky, el de Yeryinsky y los de tantos otros que súbitamente desaparecen de la primera fila del Gobierno soviético y caen por el escotillón de los sanatorios del Cáucaso o los Urales autorizan a pensar que son tipos inferiores al tipo medio del gobernante de Occidente, capaz de mantener durante toda su vida una acción persistente e igual encaminada a la perduración de sus ideales.

Esta fragilidad de los directores del comunismo les hace aparecer como gente sin consistencia, tipos de neurasténicos, delirantes que en un momento dado se imponen por una especie de sugestión mesiánica que ejercen sobre las masas y otras veces se imponen por el terror, pero a fin de cuentas caen deshechos, arrollados por la corriente de la vida más fuerte que sus utopías.

En los días que he estado recorriendo los sanatorios del Cáucaso he visto la ruina fisiológica que son muchos de los edificadores del socialismo. Efectivamente, pocos son los trabajadores responsables que no tienen que venir a estos sanatorios durante alguna temporada para reparar sus fuerzas. El desgaste que la labor gubernamental produce hoy en Rusia, no hay fortaleza humana capaz de resistirlo.

Yo he visto en esos sanatorios a muchos directores del comunismo, jefes del Ejército Rojo, presidentes de soviets, directores de sindicatos, burócratas de los comisariados, gente de todos los sectores gubernamentales que llegaban aquí extenuados, hechos polvo por el trabajo sobrehumano que en sus puestos se ven obligados a realizar. No hay idea en España de cómo trabaja esta gente.

Téngase en cuenta que el comunista militante no desempeña la función que le esté encomendada de una manera normal y con el esfuerzo ordinario que todo trabajo exige, sino en un estado de sobreexcitación impuesto por las dificultades con que en cada momento ha de tropezar, y que tiene que vencer poniendo en juego toda su resistencia física y todas las potencias de su alma. En Rusia, la corriente de la vida, del curso de los hechos, no es comunista. El comunismo es absolutamente extraño a la manera de ser del pueblo ruso, y para imponerlo, para dar a toda la vida rusa un ritmo nuevo y un tono distinto, estos hombres que se han apoderado del país llevan ya once años haciendo el esfuerzo más formidable que se conoce.

En la Rusia zarista, como en la de ahora y la de siempre, los acontecimientos no tienen ese desenvolvimiento normal que hay en Occidente. Hay en Rusia un arrastre de razas distintas de la nuestra que da a la vida un sentido incomprensible para nosotros. El comunismo, que es una creación occidental, se encuentra con esa barrera infranqueable, y los hombres que luchan por introducirlo tienen que hacer cada día, cada hora, un esfuerzo que está por encima de las posibilidades humanas.

Piénsese en lo insignificante que es la minoría comunista en cuanto a número y parecerá maravilloso que haya sido capaz de provocar y mantener, no ya la revolución social, sino la revolución moral que ha llevado al fondo del alma rusa.

Por eso, estos hombres, que durante un periodo de tiempo se entregan furiosamente al trabajo revolucionario, caen un día extenuados, como muñecos a los que se les ha acabado la cuerda.

Hago estas consideraciones en la terraza de un hotelito de los pintorescos alrededores de Kislavodks, que debió de ser la finca de recreo de algún aristócrata zarista y hoy ha sido convertido en sanatorio para trabajadores responsables, ante una cama de campaña en la que yace insensible a todo cuanto le rodea una mujer, de unos cuarenta años, el rostro trabajado por innumerables arrugas, los párpados caídos sobre el globo del ojo, muy destacado en la cuenca profunda, de color violeta, los brazos, delgados y negros, extendidos a lo largo del cuerpo.

—Esta mujer —me dicen— es una de las figuras más representativas del partido; es de esa gente de segunda fila, cuyos nombres no llegan al extranjero, que en realidad ha sido la que ha hecho la revolución. Esta mujer fue de las que tuvieron el famoso carné amarillo de prostituta en la época zarista para poder cursar libremente sus estudios y entregarse a la acción revolucionaria, estuvo después en la emigración, volvió a Rusia el diecisiete y tomó parte en la guerra civil, pero no desempeñando cargos burocráticos a retaguardia, sino echándose al campo como guerrillera al frente de una partida de campesinos adictos al comunismo, más por instinto de conservación, frente a las bandas feroces de Wrangel, Denikin y Kolchak, que por simpatía ideológica con los comunistas. Fueron estas gentes las que en realidad consolidaron el régimen soviético. Cuando éste se impuso, esta mujer no dio por terminada su tarea; fue entonces cuando comenzó la parte más dura, la edificación del comunismo, la reconstrucción económica, ese agotador trabajo cotidiano que se realiza en el seno de las células, los soviets y los sindicatos. Este renacimiento de

Rusia ha exigido un esfuerzo tan sobrehumano, tan heroico, que en él ha caído doblada sobre los pupitres tanta gente como en la guerra civil.

Esta mujer tiene, en efecto, el aspecto de un ser absolutamente terminado, extinto. Se ha dado por completo a la obra revolucionaria y sus pobres huesos se niegan ya a sostenerla.

Yo, que no soy comunista, quisiera saber qué fuerza ideológica hay actualmente en el mundo capaz de provocar un heroísmo semejante.

La ciudad blanca y la ciudad negra de Bakú

Hay dos ciudades de Bakú: la ciudad blanca y la ciudad negra. La de los que viven bien y la de los que viven mal. Esto no han podido remediarlo hasta ahora los bolcheviques.

Estas dos ciudades que hay en Bakú son, con su terrible desigualdad, el alegato más fuerte que puede hacerse en contra del régimen comunista. Al lado mismo de la ciudad blanca, llena de grandes hoteles a la europea, teatros, cines, cabarets, parques y jardines, con casas confortables y templos magníficos como, por ejemplo, el que tienen los católicos, que es soberbio —cosa que todavía no he podido explicarme—, está la ciudad negra, dantesca aglomeración de casuchas miserables en las que vive como ganado la gente trabajadora.

Esta ciudad negra de Bakú, denegrida, enrarecido el aire por las emanaciones de la nafta, invadida por los detritus y el humo de las refinerías, poblada por una muchedumbre harapienta que no ha conocido jamás ninguna de las ventajas de la civilización, con casas como muladares y hombres como bestias entrapajadas, llenos de roña y de miseria, es uno de los espectáculos que le avergüenzan a uno de ser hombre, y que, cuando no se está en Rusia, hacen nacer en uno el sentimiento comunista.

Si toda esa gente que ha ido a Rusia pagada por los Gobiernos capitalistas para hacer campaña en contra del Gobierno de los soviets, en vez de quedarse en Moscú, hubiese venido aquí, con sólo describir las dos ciudades de Bakú, la ciudad blanca y la ciudad negra, hubiese conmovido al mundo en contra del régimen comunista.

Es, agravado por la barbarie musulmana y por el aislamiento en que el mundo civilizado tiene aquella zona, el mismo espectáculo que el régimen capitalista proporciona en el Ruhr, en Gales o en Riotinto. Los soviets no han podido evitarlo.

Es decir, los soviets han construido un magnífico ferrocarril eléctrico —el primero que funciona en Rusia— para transportar a los trabajadores de la nafta a Sabunchi, su mísera barriada. Pero éste y algunos otros servicios de asistencia social dejan intacto el horror de la vida de estos trabajadores parias del comunismo como de la sociedad burguesa.

Son, y lo serán durante muchos años, a pesar de la revolución, las víctimas de la desigualdad de clases. Para que un gentleman respire a pleno pulmón recorriendo las pistas de la Costa Azul sobre su soberbio Rolls-Royce, es preciso que este ex hombre de Sabunchi carezca hasta del aire. Esto, el Gobierno de los soviets no ha podido hacer más que controlarlo. Hasta ahora el comunismo se ha limitado a erigirse en intermediario de esta explotación.

Antes, eran las grandes empresas capitalistas de Inglaterra las que ejercían directamente la explotación. Era la Royal Dutch la que decidía sobre la vida de los trescientos mil trabajadores de la nafta que hay en Bakú. Ahora es el Gobierno de los soviets el que amarra a los hombres a esta vida inhumana.

Pero, desde un punto de vista absolutamente ajeno a la teoría comunista —el nacionalismo—, el Gobierno de los soviets ha hecho una obra que le asegura el apoyo de todos los elementos, comunistas o no, de Rusia. La expulsión del capitalismo extranjero.

Cuando se espera que los fracasos y concesiones de la teoría marxista —impuestos únicamente por el fracaso de la revolución mundial— traigan aparejada la ruina del régimen soviético, se olvida que no es sólo el comunismo lo que mantiene en Rusia a los bolcheviques. Éstos son hoy el Gobierno nacionalista más fuerte que hay en Europa. La intervención extranjera, que a raíz de la revolución atizó la guerra civil, no sirvió más que para exaltar el nacionalismo ruso y poner incondicionalmente al lado de los comunistas a todas las fuerzas nacionales.

Hay un caso clarísimo: en Bakú se está erigiendo un monumento a los veintiséis comisarios del pueblo muertos allí por los ingleses durante la guerra civil. Estos veintiséis comisarios del pueblo, que murieron en defensa de un ideal revolucionario, han ido perdiendo con el tiempo el verdadero sentido de su heroísmo, y hoy, en vez de mártires del marxismo, son glorificados por el pueblo ruso como héroes de la independencia nacional. La gran fuerza del comunismo ruso radica hoy en el nacionalismo más exaltado.

¿Explica esta aparente paradoja la consolidación del

régimen soviético a pesar de que a los trabajadores de la nafta, por ejemplo, no haya sabido mejorarles de condición?

—Esto que estamos pisando —me dicen— era en 1914 el mar. En 1918 aún no estaba completamente desecado. Poco después se alza la torre del primer pozo de petróleo. En 1923 se obtienen ya diez toneladas de nafta cada día. Hoy se han levantado trescientas torres, y la producción es de dos mil quinientas toneladas diarias. Una torre costaba antes doscientos cincuenta mil rublos; hoy sólo ochenta mil. Antes se necesitaban dos hombres en cada pozo; hoy un solo hombre cuida de diez pozos.

Recojo estas cifras y estas fechas porque revelan mejor que nada el esfuerzo dramático que se ha realizado a pesar de todas las dificultades inherentes a la revolución y al régimen en esta explotación petrolífera situada al Este de Bakú, que por ser una obra casi exclusivamente soviética era la que más me interesaba visitar.

A la entrada de la explotación hay una imagen de Lenin pintada y recortada en madera. Esta silueta y la bandera roja ondeando sobre el pabellón de las oficinas son las únicas señales de que allí no impera el régimen capitalista. Dentro, las condiciones de trabajo son las mismas que en cualquier explotación capitalista, el aspecto de los obreros idéntico, la disciplina igual, más dura aún, si cabe.

En los diez años que han transcurrido después de la revolución, no se ha pensado en el mejoramiento del obrero, sino en el mejoramiento de la producción. Producir más, mejor y más barato ha sido el lema de los directores soviéticos. Ya vendrá después el mejoramiento del obrero.

Es más; mientras se mantienen unos jornales insuficientes para proporcionar una vida siquiera tolerable al trabajador, se pagan sueldos enormes a los directores técnicos de las explotaciones. En esto, Lenin dio la norma sin ninguna vacilación: hay que proporcionarse a toda costa el personal técnico capacitado para dirigir las explotaciones industriales; pagando lo que sea, consintiendo las desigualdades más irritantes, de cualquier modo. Siguiendo esta consigna, los soviets han procurado atraer a ingenieros alemanes y norteamericanos, a los que pagan espléndidamente. Estos técnicos gozan en el régimen comunista de todos los privilegios y exenciones. Prescindiendo de todo doctrinarismo, hay que tenerlos contentos porque son indispensables; lo primero es el perfeccionamiento industrial; después vendrá el mejoramiento de la clase trabajadora.

Esta desigualdad de trato va creando en Rusia una nueva burguesía: la de los técnicos, los hombres que saben que sus conocimientos son indispensables para el desenvolvimiento del régimen, esta nueva burguesía, fomentada y mimada por el Gobierno soviético, es peor aún que la anterior. Es el elemento corruptor más grande que hay dentro del régimen comunista. Gente sin ninguna solidaridad con la obra revolucionaria, que aspira únicamente a enriquecerse aprovechándose de las necesidades de la dictadura del proletariado y que está siempre dispuesta a mezclarse en los manejos del capitalismo.

El poder disolvente que una clase social así reclutada tiene en un país como Rusia es enorme. Llega a pensarse que esta gente, actuando corrosivamente sobre la burocracia sovietista, tan maleable como todas las burocracias, acabará por destruir la obra revolucionaria.

Pero, a pesar de todo, lo importante es que las industrias sigan prosperando, que se aumente la producción y se aminore el coste. Y esto, aunque penosamente, van consiguiéndolo poco a poco los soviets.

Mientras los pozos de petróleo de Bakú rindan las toneladas necesarias para el abastecimiento del mercado, el régimen comunista está asegurado. A los soviets no les importa estar en franca guerra con el mundo capitalista mientras tengan en sus manos la mayor parte del petróleo que se consume.

—Hay muchos estados capitalistas —me dicen— cuyos Gobiernos se han negado al reconocimiento de la República de los soviets. Esto a nosotros nos trae completamente sin cuidado. Desde el momento en que necesitan nuestro petróleo, de hecho, nos otorgan su reconocimiento. Quiere decirse que en vez de entendernos directamente con esos estados, nos entendemos por medio de la Standard Oil, el gran agente diplomático de los soviets en el mundo capitalista.

Ahora bien: todo se acabaría súbitamente si Rusia descuidase su producción petrolera o la pusiese en manos extranjeras. Por eso, lo importante es mantener y aumentar las explotaciones. Aunque haya que tolerar una clase social enemiga del comunismo, como es la de los técnicos, y aunque el trabajador tenga que soportar unos años más el régimen de explotación capitalista.

Anochece mientras nos alejamos a golpe de remo del muelle de Bakú. Como grandes masas negras recortadas en la claridad del cielo, pasan al costado de nuestra barca los veleros rusos, turcos y persas que hacen la travesía del mar Caspio. A esta hora —¡maravillosa identidad del espíritu humano en todas las razas y todas las latitudes!—, en el castillo de popa de cada una de estas embarcaciones, hay un marinero, quién sabe de qué raza, que toca el acordeón. Y lo mismo en el puerto de Marsella que en el de Hamburgo o el de Bakú, esta música del acordeón de los marineros tiene un tono patético que expresa exactamente un estado de ánimo por el que se hermanan espiritualmente estos seres tan extraños entre sí que surcan las aguas del mar del Norte, del Caspio o del Mediterráneo.

Noche cerrada ya; refulgente, Bakú a lo lejos —una diadema oriental—, ha surgido de lo negro del mar un gran lamento, hondo, largo, con tal acento humano, que da miedo. Es una gran voz que echa a rodar su queja por la amplitud del mar. De súbito, la voz se quiebra en la garganta del cantante y estalla una algarabía de guzla, tamboril y panderos, de la que vuelve a surgir poco a poco, con más brío, el lamento viril, hondo, grave, cadencioso del que canta.

—Son los turcos —me dicen—; conservan ese cante hondo y triste que evoca el dolor de los galeotes amarrados al remo, la tristeza de un pueblo bárbaro, aherrojado por su propia barbarie. Nosotros, los rusos, no comprendemos cómo se puede cantar así.

—Nosotros, sí —le digo—. Si hay en el mundo algo que se parezca a nuestro cante «jondo» es esto.

El falucho turco pasa a nuestro lado como una sombra. En la popa se recortan las siluetas de unos cuantos hombres en cuclillas que tañen aprisa sus rudimentarios instrumentos formando corro alrededor del que canta. Un farolillo veneciano colgado de una jarcia echa una luz roja sobre el pintoresco grupo, que se entrega al cante con esa litúrgica solemnidad que yo creía exclusiva de los «cantaores» de flamenco.

A medida que nos alejamos del muelle, se hace más exacta la ilusión de que estamos, más que en el puerto de Bakú, en el de Nápoles. Allá, a la izquierda, donde debía estar el Vesubio, se alzan unas montañas que mis acompañantes me señalan como el refugio inexpugnable de la barbarie musulmana.

Tatiana Alejandrovna deja un momento los remos para hablarme de la acción de los comunistas entre los musulmanes.

—Hemos hecho —me dice— una campaña formidable. No sabe nadie lo que era la vida en las aldeas musulmanas. En Occidente se tiene la idea de que el harén es un lugar de placer fastuosamente decorado, en el que llevan una vida regalada y triste unas bellas mujeres. Es una visión literaria, de opereta. Ustedes no pueden imaginarse lo que era un harén, la cueva inmunda, la pocilga donde vivían hacinadas esas pobres mujeres mahometanas, llenas de miseria, hambrientas, convertidas en arpías.

»Nosotras las comunistas —agrega Tatiana Alejandrovna muy orgullosa— hemos acabado con eso. El harén está prohibido por el Gobierno soviético, y nosotras mismas hemos ido a sacar de él a esas pobres mujeres y a enseñarles que hay una vida mejor, más clara, más alegre. Ha sido preciso que anduviésemos con un gran tacto, porque no se pueden atacar directamente los prejuicios religiosos de esa gente. Hay que ir dando la vuelta. Por ejemplo: los soviets no se han atrevido a prohibir los velos. Las musulmanas pueden seguir tapándose la cara, según los mandatos de su religión. Pero como se las llevan a trabajar a la calle, a las fábricas y a las tiendas, los velos van cayendo poco a poco. Cuesta trabajo, sin embargo, arrancar estas viejas preocupaciones. Se da el caso pintoresco de que por las calles de Bakú circulan muchas jovencitas musulmanas con zapatos de tacón alto, medias de seda y falda por encima de la rodilla, pero con la cara muy tapada, eso sí.

»Es nuestra táctica ante las preocupaciones religiosas —me dice Tatiana Alejandrovna sonriendo—; las religiones eran muy fuertes en Rusia. Si los comunistas las hubiésemos atacado de frente, no habríamos conseguido más que provocar un levantamiento general del espíritu religioso en contra nuestra, que seguramente nos hubiera sido fatal. Ha sido más eficaz irles minando el terreno arteramente.

En efecto; yo he visto en un poblado turco próximo a las explotaciones de nafta de Bakú, donde se conserva el espíritu musulmán puro, mantenido por ser aquel el santuario de las reliquias de Bibi-Eibat, la hermana de Mahoma, cómo las mujeres sublevadas contra la tiranía del varón formaban sus sindicatos bajo la inspiración de estas muchachas comunistas que, como Tatiana Alejandrovna, les hablan siempre de una vida mejor, más libre, más digna.

En Georgia
A través de la cordillera del Cáucaso
La misión civilizadora de los comunistas

La vida de Tiflis es menos dura, menos comunista que en la generalidad de las ciudades de la Unión. No sé a ciencia cierta por qué.

A despecho de revoluciones e invasiones, las ciudades tienen su fisonomía inalterable, y esta cara amable y sonriente de Tiflis no ha podido ser deformada por la gran mutación soviética. Escondida en el fondo de las montañas, detrás de la gran barrera del Cáucaso, la ciudad de Tiflis permanece un poco ajena al dramático esfuerzo de Rusia por asimilar el comunismo.

Por su alejamiento, el régimen de autonomía concedido a todas las repúblicas soviéticas le ha favorecido quizá más que a otras comarcas. El suelo es rico, los naturales se sienten con más libertad que antes, hablan su lengua nativa —turca, armenia o caucásica— y la lucha política no existe. El aspecto de la ciudad es bastante grato. La gente viste mejor —sospecho que por el comercio exterior, que seguramente se hace de contrabando por la frontera de Armenia— y las casas están mejor conservadas, más cuidadosamente enlucidas de lo que suelen estar en la Rusia comunista. Estas casas de Tiflis tienen casi todas grandes galerías acristaladas que recuerdan el panorama de Vitoria.

Para subir a la montaña de Gandeguili, desde donde se divisa uno de los panoramas más hermosos del Sur de Rusia, los comunistas han construido un magnífico funicular eléctrico. Durante la noche, millares de personas suben a la montaña y se desparraman por los restaurantes populares allí instalados para comer, beber y divertirse honestamente. Honestamente, porque los soviets no consienten ningún esparcimiento deshonesto, aunque su deshonestidad es distinta de la de los burgueses. Por ejemplo: de estos cabarets está absolutamente desterrado el baile; hay muchos comunistas que consideran los bailes modernos como de una gran deshonestidad: «El charlestón —me dice mi simpática camarada— es la reproducción de la cópula en posición vertical; nada de placeres burgueses».

En sustitución del *jazz-band*, estos restaurantes del Sur de Rusia tienen unas orquestillas turcas que producen una algarabía muy semejante a la música de los negros que triunfan en Occidente. Pero nada de baile. Las parejas de jóvenes comunistas se mantienen en público a respetuosa distancia. Ahora bien; con una gran naturalidad salen del restaurante y van a pasearse por la montaña a la luz de la luna. Y estos paseos a la luz de la luna de los jóvenes rusos no tienen nada de románticos, porque el romanticismo es, para el comunista, un estado espiritual perfectamente burgués.

La vida de Tiflis se desliza así agradablemente. Se está bastante lejos de la obsesión que produce Moscú, por ejemplo, con su terrible lucha política.

El ambiente es más grato. Las calles tienen el encanto inefable de las calles silenciosas de Andalucía. Por los portones entreabiertos se adivinan los patios penumbrosos donde la gente hace una vida familiar, amable e indolente. Aprovechándome de la noche, me he metido en uno de estos patios perfumados por el aroma de los árboles frutales y he estado espiando el interior de una de estas casas a través de las celosías de una ventana. Es la casa de un musulmán acomodado. Con las piernas cruzadas sobre los cojines de una cama turca, el dueño de la casa fuma lentamente su pipa con los ojos cerrados y los brazos cruzados sobre el pecho. En el otro ángulo de una habitación, una mujer joven, bella y pomposamente acicalada con ricas telas y pesados collares, está delante de un espejito que tiene puesto encima de una mesa desbaratando poco a poco su tocado. Es una estampa clásica.

Cuando salgo del patio y voy paseando de nuevo por las calles de Tiflis, tan calladas, tan serenas, pienso que la revolución comunista, los diez años de régimen soviético, no son más que una alucinación, un rapto de locura, de unos cuantos delirantes. La vida sigue su curso inalterable a despecho del dramático esfuerzo de un puñado de idealistas.

Pero al desembocar en la plaza principal de la ciudad, desde lo alto de una farola cae incansable el sonido bronco de un altavoz que repite por milésima vez el discurso de uno de los *leaders* del partido. Son las doce de la noche. En la gran plaza hay apenas dos docenas de personas que pasan indiferentes, pero el aparato de radiotelefonía sigue diciendo incansable las ventajas del sentido comunista de la existencia. Es la gota de agua.

Estos delirantes habrán cambiado un día hasta la entraña de la vida rusa.

Se hace la travesía de la cordillera caucásica, desde Tiflis a Vladicaucas, por una pista llamada Camino Militar del Cáucaso, que va bordeando las montañas, repta a veces por su falda, se hunde en ocasiones hasta el fondo de los valles y salva la mole imponente del Kazbek subiendo por sus laderas hasta una altura de dos mil metros.

Hasta hace pocos años este viaje se hacía en coche o en caballería exclusivamente, y se tardaban de ordinario cinco o seis días en recorrer los doscientos kilómetros que por la línea del aire hay de uno a otro lado de la cordillera. Bajo el régimen soviético se ha mejorado considerablemente esta pista militar, y hoy se puede hacer el viaje en automóvil. Esto de que se puede hacer es relativo; lo hacen los rusos, que son la gente más audaz del mundo.

Lo hacen a diario, en unos automóviles viejos, con unos frenos y unos motores que no funcionan sino por un prodigio de habilidad de sus mecánicos. En estas condiciones se lanzan por los zigzagueantes caminos de las montañas al borde de unos precipicios de dos mil metros, salvan las torrenteras saltando sobre guijarros del lecho con el agua hasta el cubo de las ruedas y se precipitan por pendientes de veinte o treinta kilómetros, en las que no hay diez metros en línea recta. Esta travesía del Cáucaso por este camino y con estos automóviles sólo son capaces de hacerla normalmente los rusos. A los amantes de las emociones fuertes, a esos automovilistas denodados que aman el peligro y lo buscan, yo les recomendaría que viniesen al Cáucaso y recorrieran el Camino Militar en estas máquinas.

La emoción se completa con las noticias que el chófer va dándonos durante el camino.

—Por aquí —nos dice señalándonos una espantosa torrentera— se despeñó hace tres meses un ingeniero.

—Aquí —agrega un poco más adelante—, un alud de nieve desprendido de la cima del Kazbek sepultó a un autobús en el que iban doce personas, que, naturalmente, perecieron.

—Allá abajo —señala— están todavía los restos de otro automóvil. Ha caído tan hondo que nadie se atreve a ir hasta allí.

Y así todo el camino.

Aparte esta sensación de peligro, el viaje es maravilloso. En algunos trozos del camino, el ánimo más rebelde a las emociones de la naturaleza —y el mío lo es bastante— queda sobrecogido por la grandiosidad del espectáculo que en este rincón del mundo ha preparado la divinidad. Hay valles rodeados completamente por montañas de dos y tres mil metros, cortadas a pico, que dan al viajero la sensación de hallarse en el vértice de un cono invertido. En el fondo de estos valles, el día dura apenas unas horas. Los rayos del sol apenas tocan en el fondo cuando está en el cenit y empiezan a subir rápidamente por la escarpada falda de las montañas. Y es de un efecto sorprendente ver el cielo de un azul intenso y las crestas de las montañas incendiadas por el sol mientras en el valle se extienden las sombras combatidas débilmente por una luz refleja que las nubes enganchadas en los picachos van cerniendo.

He querido venir hasta aquí no con un interés de turista amante de la contemplación de la Naturaleza, sino porque yo, que he rehusado en Moscú todas las informaciones oficiosas que se me brindaban sobre la acción de los organismos soviéticos en las comarcas más apartadas de la Unión, quería ver por mí mismo si realmente el bolchevismo tenía una existencia real traducida en obras públicas capaces de cambiar la faz del país. Más que las discusiones teóricas del partido y que las estadísticas, más que todas esas disposiciones gubernamentales que los bolcheviques adaptan a millares sobre el papel, me interesa la realidad, la obra viva, la que en realidad pueda haber llegado hasta el fondo de estos valles y a la cima de estas montañas.

Y, en efecto. Vamos sorteando las montañas entre los ríos Kura y Aragvi; el viajero tiene ante los ojos el panorama desolado de Mtsjeta, la antigua capital de Georgia, hoy en ruinas, con sus torres y sus templos milenarios desmoronándose poco a poco, cuando súbitamente aparece ante él la inevitable estatua de Lenin con el brazo levantado en ademán tribunicio —esta horrible estatua de la que se ha hecho una edición de centenares de ejemplares— y a su espalda unos formidables edificios de cemento, una presa, unas turbinas, unas chimeneas y, dominándolo todo, la estrella roja de los soviets.

El contraste entre los dos paisajes, el paisaje medieval de Mtsjeta y el panorama modernísimo de la gran obra hidroeléctrica soviética, no puede ser más elocuente.

Hay que rendirse a la evidencia. Los bolcheviques son unos teorizantes insoportables, han dictado millares de disposiciones gubernamentales que no se cumplen, se han equivocado, tropiezan, se caen, rectifican... Por encima de todo, como prodigio de voluntad, una voluntad heroica capaz de vencer tanto las dificultades exteriores como la propia incapacidad, existe hoy en Rusia una obra de Gobierno puramente soviética que ha llegado a la entraña misma del país.

No; la revolución comunista no es una revolución hecha sobre el papel y mantenida por la Policía, como sostienen los países capitalistas.

Muy de tarde en tarde, en los recodos del camino, aparecen unas aldehuelas miserables. Alrededor de algún milenario menhir o de los restos de alguna fortificación medieval, cinco, seis chozas colgadas de las cortaduras de las rocas. Para el viajero, la vida de estos montañeses encerrados en un repliegue de la sierra, donde lo tienen todo —el pan, el agua, la casa y la fosa; no necesitan más—, es un espectáculo emocionante.

Mas, aun en el corazón de las montañas, los *aul* —así se llaman en ruso estas aldeas— quedan reducidos a una sola familia y a una sola vivienda —la *saklia*—, aislada del resto del mundo y sin más ley ni gobierno que la despótica voluntad del cabeza de familia, este montañés bárbaro, lleno de supersticiones. Todas estas montañas, la Peña del Diablo, los Siete Hermanos, la Torre de la Reina Tamara, Kazbek, Elbrús, están pobladas por estas míseras familias, aisladas cada una en su *saklia*, sin más freno a los instintos que un oscuro sentido religioso que consiente las mayores atrocidades.

Hacia el mediodía hacemos alto en una *saklia* del camino para almorzar. Mientras hierve el samovar y va tostándose al fuego de unos grandes leños el sabroso *chaslin* —trozos de cordero adobado que se asan ensartados en una aguja—, salimos de la *saklia* para estirar un poco las piernas y contemplar el panorama que se descubre desde una especie de mirador natural allí próximo. Encaramado en el pretil de este mirador, nos aguarda un tipo astroso y contrahecho, que al vernos llegar pone las manos sobre una piedra que avanza sobre el precipicio, levanta ágilmente las piernas y se queda rígido, «haciendo el pino» en el borde de aquella cortadura de mil quinientos metros. Después, viene humildemente, con la montera de piel en la mano, a pedirnos unas copekas. Es un hombre de edad indefinible, casi una alimaña, con la cara recubierta por una espesa pelambrera y los ojos como dos puñaladas abiertas.

Mi compañero de viaje me dice:

—Es un heusur.

La tribu de los heusur, formada hoy por unos doce mil individuos, habita las gargantas del Cáucaso — «heusur» quiere decir literalmente «habitante de las gargantas» — en *saklias* diseminadas por todas las montañas a pocos kilómetros del Camino Militar. A pesar de lo frecuentado que está hoy este Camino Militar, los heusur se mantienen completamente apartados de la civilización. Hacen la misma vida salvaje que hacían cinco siglos atrás. Habitan en *saklias* de piedra, sin puertas ni ventanas, que durante los meses de invierno cubre por completo la nieve. Aislados del mundo, sepultados bajo la nieve, los heusur viven días y días sin salir de aquella estrecha cárcel, donde constantemente arden unos grandes leños bajo la vigilancia de un miembro de la familia, designado por turno, que cuida de que no se extinga el fuego mientras los demás duermen. La humareda del hogar, que difícilmente sale al exterior a través de la capa de nieve, hace que casi todos los individuos de la tribu padezcan terribles enfermedades de los ojos.

En la actualidad, los heusur viven exclusivamente de la agricultura y el pastoreo; pero, hasta hace poco, su principal fuente de riqueza era el robo. Periódicamente, bajaban de sus montañas a saquear a los cherkeskos y a los campesinos del Daghestan. De esta actividad tradicional, les queda el hábito de construir sus viviendas en los puntos más inaccesibles, en las ruinas de las viejas fortalezas medievales y en los picachos más inabordables. También son recuerdo de su secular medio de vida las armas que conservan: cotas de malla, corazas, cascos, lanzas. Un desfile de heusur es una reencarnación de las hordas medievales.

Existe sin ningún fundamento serio la opinión de que los heusur descienden de los cruzados. Sus viejas armaduras y la costumbre que tienen de adornar sus vestimentas con cruces de tela, que se cosen en el pecho, los codos y las rodillas, son la única base de esta sospecha.

Mi compañero de viaje, un ruso que domina todos los dialectos caucásicos, interroga al mendigo heusur sobre las costumbres de su tribu. La más terrible es la que se sigue con las mujeres antes del alumbramiento. Hay entre los heusur la creencia de que la mujer en el periodo de gestación es una criatura impura, cuyo contacto debe evitarse a toda costa. Así pues, desde el momento en que se advierte su estado, la mujer heusur es expulsada de la *saklia* y confinada en una cabaña lejana, a la que nadie puede aproximarse. Valiéndose de una especie de pértiga, se le introducen diariamente los alimentos en la cabaña, y allí permanece la infeliz hasta el momento de dar a luz. Cuando éste llega, la pobre ha de valerse por sí misma, sin que nadie pueda auxiliarla. El marido, que está rondando a lo lejos la cabaña donde su mujer sufre los dolores del parto y oye sus gritos de dolor, no puede hacer otra cosa que disparar al aire su escopeta para ahuyentar a los malos espíritus que en el momento del alumbramiento hacen sufrir a la infortunada.

Otra de las cosas características de los heusur es la administración de justicia. El más viejo de la tribu es el encargado de esta función. Se limita a intervenir en los casos de riñas sangrientas o agresiones entre individuos de distintas familias. Entonces hace que la herida causada se cubra con granos de cebada, y el agresor tendrá que pagar al agredido tantas vacas como granos de cebada quepan en el boquete que abrió en la piel de su semejante. Los heusur son muy respetuosos con esta justicia patriarcal y pagan siempre estas multas. Ahora bien, suele ocurrir que el agresor no tenga reses bastantes para satisfacer la indemnización, en cuyo caso, como es hombre respetuoso con la ley, baja al llano y se las roba a los campesinos de otras razas.

Hace poco, un sorprendente cortejo de montañeses cubiertos de andrajos, sobre los que relucían unas milenarias armaduras y unos cascos guerreros, llegó a la plaza principal de Tiflis. Parsimoniosamente, los jefes de aquella tropa descabalgaron y pidieron parlamentar con el Gobierno de la plaza. Eran los heusur, que habían oído el nombre mágico de Lenin y bajaban, al fin, de sus montañas para entrar en negociaciones con los bolcheviques.

Parece ser que llegaron a un acuerdo fácilmente. Y así, va a darse el caso de que aquellos montañeses pasarán automáticamente de la barbarie feudal al bolchevismo, que ellos han adoptado como la forma más excelsa de la civilización. ¡Para que los sociólogos hablen después de las leyes de la evolución!

A pesar de todas las dificultades, los comunistas van llegando con su propaganda hasta los rincones más apartados de Rusia, esas zonas vírgenes de toda civilización que el zarismo no supo sacar de la barbarie. El montañés, que ha resistido hasta ahora fieramente todo contacto con la civilización, ve que, poco a poco, se le van poblando los caminos de las montañas con estas bandas de comunistas que recorren el país hablando de una vida mejor. Y acabará por dejarse arrastrar.

Ahora mismo, en dirección contraria a la que nosotros llevamos, aparece una larga fila de carros escoltados por unos centenares de muchachos con banderas rojas y pañuelos rojos al cuello. Son los *pionniers* del Konsomol.

El Konsomol —la juventud comunista— tiene un cuerpo de *pionniers* organizado como los «chicos escuchas» de Inglaterra o los exploradores de España. Estos *pionniers*, a los que se da una educación estrictamente comunista, organizan excursiones por toda Rusia, excursiones que son regidas por ellos mismos. El grupo de *pionniers* de doce a quince años, que constituye el soviet de la expedición, delibera y resuelve libremente adónde se debe ir y qué se debe hacer en cada caso.

Con absoluta libertad van juntos por los caminos de la inmensa Rusia, durante días y días, chicos y chicas de diez a quince años. No hay ni la sombra de una autoridad sobre ellos. Pueden hacer cuanto les venga en gana.

Este sistema educativo tiene, como es natural, sus inconvenientes; sobre todo en el aspecto sexual, las consecuencias de la educación comunista espantan a todo aquel que tenga un resto siquiera de moral burguesa.

Pero así y todo, aun rechazando esa promiscuidad sexual infantil, que a título de ninguna moral, por amplia que sea, puede admitirse, es preferible cien veces esto a lo otro.

Los excesos del comunismo, por muy terribles que a la gente burguesa les parezcan, tendrán siempre un fondo civilizador, una estimación de la humanidad que los hacen deseables cuando se ve de cerca la vida bestial de estos montañeses rusos. Aunque no se considera que el comunismo representa un tipo superior de civilización; aunque el ciudadano de Londres, París o Berlín tenga derecho a estimarlo como una regresión, como un salto atrás en el progreso, siempre habrá que agradecerle por lo menos la misión civilizadora que heroicamente está ejerciendo en contra de la barbarie campesina en Rusia. Esto nunca lo había intentado el zar.

Los revolucionarios una vez hecha la revolución

Todo Moscú está lleno de iconografía revolucionaria. En los escaparates de todas las tiendas, en los quioscos de periódicos, en las vallas de los solares, en todas partes se encuentran siempre las caras de los *leaders* de la revolución, reproducidas millares de veces por esta horrible litografía rusa, de un mal gusto que crispa los nervios.

No hay modo, sin embargo, de encontrar un retrato de Trotsky en toda Rusia. El trotskismo es el culto más perseguido hoy. Se ha llegado hasta el extremo de suprimir la cabeza de Trotsky en los grupos fotográficos en que aparecía Lenin rodeado de todos sus colaboradores; al cuerpo de Trotsky se le ha puesto, recortada, la cabeza de otro *leader* cualquiera. He visto, incluso, que los trotskistas más fervientes ni siquiera en lo más escondido de su hogar, ni en la cabecera de su cama, se atreven a tener la efigie de Trotsky, y a los que por devoción indestructible la conservan, para evitar el verse denunciados, la tapan durante el día con un paño blanco, y únicamente cuando se quedan solos y atrincherados en la intimidad de su alcoba se atreven a descubrirla.

Pero a pesar de todo...

Con un muchacho comunista que me sirve de intérprete en mis andanzas por Moscú, me he acercado una vez a un quiosco de periódicos para comprar fotografías de los *leaders* revolucionarios.

—¿No tiene usted a Trotsky?

—Trotsky —me ha dicho el vendedor con un acento bastante significativo— es el único *leader* revolucionario que no se vende.

Aunque la personalidad de Trotsky es una de las cosas que más me interesaban de Rusia, no pude llegar hasta el lugar donde estaba desterrado antes de permitirle que saliera del territorio de la URSS. Nadie podía llegar hasta él. La vigilancia de la GPU. impedía todo contacto con el creador del Ejército Rojo.

Últimamente se dio un caso emocionante. Trotsky es uno de esos tipos subyugantes, arrebatadores, que ejercen una atracción irresistible sobre quienes le rodean. Compadecidos de su destierro, dos muchachos comunistas, que durante los últimos años le habían servido de secretarios, pidieron ser desterrados con él para poderle auxiliar en sus trabajos.

—¿Cómo va a poder trabajar estando solo? —se decían—. Nos necesita; somos sus pies y sus manos.

El Gobierno de Moscú se negó a desterrarlos con su antiguo jefe, y entonces ellos, por su propia iniciativa, sin ningún contacto con los directores de la oposición, sin ningún propósito político, impulsados sólo por el afecto personal al caudillo, emprendieron el camino de Alma-Ata, donde Trotsky estaba desterrado. No pudieron llegar; los agentes de la GPU los sorprendieron en el camino, y encarcelados están y estarán ya para mucho tiempo.

Este celo del Gobierno de Moscú no es superfluo. Trotsky es un tipo de tal entereza que nunca se le tendrá totalmente sometido. El destierro, allá casi en la frontera china, la estrecha vigilancia que se ejercía en torno a su persona, las persecuciones, encarcelamientos y deportaciones de sus partidarios, y, finalmente, esa especie de expulsión infamante no han sido medidas eficaces para anular la oposición.

Todavía en el último Congreso, los delegados de todo el mundo recibieron clandestinamente el informe que Trotsky enviaba desde su destierro. Las cartas del desterrado —y esto parece milagroso, dado el régimen policiaco de los soviets— circulaban de mano en mano mecanografiadas, reproducidas por medio de multicopistas, y hasta impresas. En todo momento, frente a cualquier resolución del Gobierno, ante cada uno de los problemas que iban planteándose, la voz del desterrado Trotsky se hacía oír implacablemente.

En vista de que la acción policiaca no bastaba para inutilizar a la oposición, Stalin emprendió una campaña política de descrédito del trotskismo ante las masas trabajadoras. Se acusaba a los trotskistas de contrarrevolucionarios y se insinuaba que la GPU tenía pruebas de que estaban en connivencia con elementos procedentes de los Ejércitos Blancos. Se dejó caer la noticia de que la oposición se había proporcionado una imprenta clandestina gracias a la colaboración de un ex oficial del ejército de Wrangel.

Como obedeciendo a una consigna, los elementos simpatizantes con la oposición contestan a esta campaña pidiendo en las células, en los comités de fábrica y en los soviets locales el nombre del agente contrarrevolucionario. La consigna era ésta: el nombre.

Estrechado por esta demanda unánime, el Gobierno tuvo que declarar que no podía hacer público el nombre del agente contrarrevolucionario porque se trataba de una persona que había prestado importantes servicios secretos a la Policía. Se trataba —como es natural— de un agente provocador de la GPU.

Todo esto hizo que el cerco que el Gobierno de Moscú tenía puesto a la persona de Trotsky se estrechase cada vez más. Los miembros de la oposición llegaron a temer por su vida. Realmente, Trotsky es de esa clase de hombres que sólo pueden inutilizarse con la muerte.

Respondiendo a esta alarma, las agencias periodísticas de los Gobiernos burgueses hicieron circular fantásticos rumores sobre un intento de asesinato de Trotsky cometido por los agentes de la GPU. Esto es absurdo. Salvaguardaba la vida de Trotsky la íntima devoción que por él sienten hasta sus más enconados adversarios políticos. El Gobierno de Moscú era el más interesado en que a Trotsky no le pasase nada. Si a Trotsky le hubiese sobrevenido, mientras estuvo prisionero de la GPU, alguna enfermedad que le hubiese costado la vida, los ciento cuarenta millones de ciudadanos de la Unión habrían creído a ojos cerrados que había sido víctima de un atentado, y ésta hubiera sido la más formidable plataforma de la oposición.

A pesar de la rudeza de la lucha, el Gobierno de Moscú no se ha atrevido a prescindir de las buenas formas con su prisionero. Trotsky estaba, antes de su salida para Turquía, descansando en Alma-Ata con determinada misión burocrática y disfrutando de una apariencia de libertad. Vivía con su mujer y sus hijos en una casa cualquiera de la ciudad; ahora bien, esa casa en la que vivía Trotsky estaba bajo la administración de la GPU. Es decir, Trotsky era inquilino de la Policía.

Cuando una mañana Trotsky se levantaba temprano y cogía su escopeta dispuesto a pasar el día en el campo tirando a los conejos, se encontraba con unos amables vecinos, también aficionados a la caza, que le acompañaban galantemente en su excursión. Y estos obsequiosos vecinos eran también agentes de la GPU.

La situación económica de Trotsky y su familia en el destierro era realmente angustiosa. El hombre, que en un momento pudo proclamarse emperador de Rusia, no tenía qué comer. Para mantener a los suyos, Trotsky invertía toda la mañana en hacer traducciones. De lo que le pagaban por sus traducciones vivía exclusivamente.

El Gobierno le pasaba el socorro de treinta rublos mensuales —unas ochenta pesetas— que desde la época del zarismo se pasa a los deportados, pero Trotsky se negaba a cobrar este socorro y vivía sólo de lo que le producía su trabajo de traductor y de lo que subrepticiamente le enviaban sus fieles partidarios.

Muchos de éstos dedican unas horas de la jornada a trabajar para Trotsky. Sé que muchas de las obras rusas que se editan en el extranjero han sido traducidas únicamente para obtener algún dinero con que auxiliar a la familia del caudillo revolucionario.

El trabajo de éste en el destierro seguía siendo muy intenso. Aparte su labor de traducciones, dedicaba muchas horas del día a la labor política, porque para filtrar a través de la vigilancia policiaca una carta o un informe, tenía que hacer por sí mismo, de su puño y letra, muchas copias, que luego se quedaban entre las uñas de la GPU. Esto, por lo menos, servía para que en todo momento el Gobierno de Moscú supiera cómo pensaba Trotsky.

Me dijeron que, además, Trotsky está escribiendo sus Memorias, que por ahora no piensa publicar, porque no cree que su vida pertenezca todavía al pasado.

Fuerte, sano, joven todavía, Trotsky espera que llegue nuevamente su hora. Mientras, se dedica a la caza, la pesca y la literatura —amén de su actividad política—, con la misma intensidad, la misma energía y el mismo coraje con que antes se aplicaba a la organización de los servicios ferroviarios o a la creación del Ejército Rojo.

—Es un hombre terrible —me decía un amigo suyo que ha tenido ocasión de convivir con él en varias ocasiones—. Tiene la obsesión de hacer las cosas a fondo, el culto a la obra bien hecha. Alguna vez hemos salido a pescar tranquilamente, por pura diversión, y apenas se enfrascaba en la pacífica tarea de la pesca, Trotsky se exaltaba, se enconaba, ponía sus cinco sentidos en lo que estaba haciendo y luchaba por recoger los peces que querían escaparse del trasmallo, como luchó con los contrarrevolucionarios. Es el hombre que menos comprende el sentido deportivo de la existencia que postulan ustedes en Occidente.

—Mijaíl Ivánovich, vengo a verte porque se me ha muerto la vaca; tú sabes bien lo que eso es para nosotros. Además, tengo al hijo en el Ejército Rojo y quería pedirte...

Mijaíl Ivánovich escucha pacientemente la retahíla del campesino, que ha recorrido muchas verstas para llegar a Moscú y contarle sus cuitas. Cuando el campesino calla al fin y queda ante él rascándose la pelambrera por debajo de la pesada *papaja*, Mijaíl Ivánovich pregunta a su vez y entonces se entabla un diálogo lento, grave, con esas pausas y ese arrastre de las palabras característicos de la conversación de todos los campesinos del mundo. Diríase que Mijaíl Ivánovich y su interlocutor son dos compadres aldeanos que se cuentan sus cuitas mano sobre mano en una tarde de domingo.

Mijaíl Ivánovich Kalinin es, sin embargo, algo más que un campesino: es el jefe del Estado, el Presidente de la Unión de Repúblicas Socialistas Soviéticas.

No por esto se puede decir que sea un farsante. No; Mijaíl Ivánovich Kalinin, cuando habla con los campesinos que acuden a su despacho, se olvida por completo de que ha habido una revolución y de que él, aldeano, hijo de aldeano y nieto de aldeano, está ocupando el puesto más elevado de la República, para volver a ser únicamente el compadre del pobre hombre que le cuenta sus cuitas en ese lenguaje moroso, lleno de silencios y de reticencias, que sólo los campesinos entienden.

Kalinin es el único jefe de Estado que sabe hablar en su lengua al pueblo. Esa farsa que los monarcas y los presidentes de todo el mundo quieren ensayar cuando se dirigen llanamente a sus súbditos más humildes para conquistarse un poco de popularidad es siempre una torpe bufonada. A través de las palabras amables del magnate se ve siempre su fondo insincero. Sólo el camarada Kalinin sabe hablar desde la altura con los humildes sin ofenderles.

El partido comunista, que mide exactamente el valor de propaganda que esto tiene, conserva al campesino Mijaíl Ivánovich en lo que podemos llamar presidencia de la República, y le obliga a recibir diariamente a docenas de obreros y campesinos, cuyas quejas tiene que escuchar y contestar cumplidamente. Cada campesino que sale del despacho de Kalinin, después de haberle visto y hablado, vuelve a su aldea con la impresión de que, efectivamente, la revolución ha servido para que los campesinos estén gobernados por un campesino y los obreros por un obrero.

Realmente, Kalinin es un tipo representativo de un valor imponderable. Hijo de campesinos y campesino él mismo durante los primeros años de su juventud, abandonó después la servidumbre de la tierra cuando tuvo noción de lo desposeído de ella que estaba, y se marchó a la ciudad, donde formó en las filas de proletarios de la industria. La propaganda que hacían en las fábricas los teorizantes de la revolución le convirtió en revolucionario de acción, y bajo el zarismo sufrió persecuciones y encarcelamientos. Es, pues, una especie de arquetipo revolucionario; el hombre representativo del nuevo estado social.

Pero, como todo hombre representativo, tiene algo de mito, de ficción. Los campesinos que hacen cola a la puerta de su despacho pueden hacerse la ilusión de que es aquel campesino que está dentro el que les gobierna, pero cualquiera que conozca un poco la máquina del partido comunista sabe que el aldeano Kalinin, el venerable Kalinin, no es más que un símbolo manejado diestramente por los *leaders* de la revolución.

Precisamente en los días de mi estancia en Moscú, tuve ocasión de comprobar la inconsistencia de este símbolo en que se ha convertido el aldeano Mijaíl Ivánovich.

Después de haber dado la batalla a Trotsky, Stalin se encuentra con que la derecha del partido le lleva, en el terreno de las concesiones a los campesinos y a los comerciantes, más allá de lo que él quisiera. Rikov, apoyado por Kalinin, está dispuesto a atacar el último baluarte de la revolución: el monopolio del comercio exterior.

La oposición prudente de Stalin mismo a esta medida apunta una nueva escisión, en la que Kalinin aparece incondicionalmente al lado de Rikov. Pero, súbitamente, Kalinin cambia de criterio y se somete a la voluntad de Stalin. ¿Por qué? La gente va diciéndoselo al oído por Moscú.

Stalin, que posee los archivos de la Policía zarista, tiene seguramente en sus manos algún documento que compromete a Kalinin: alguna carta de retractación arrancada con torturas por algún jefe de la Ockrana, algún documento pidiendo clemencia a las autoridades del zar quién sabe después de cuántos sufrimientos...

¡Todo esto es tan frecuente y tan explicable entre los viejos revolucionarios! Para quienes saben medir serenamente el valor de las acciones humanas, esto no tendría, de existir, como me dicen, ningún valor.

Sin embargo, para las multitudes enfervorizadas por la revolución, Kalinin no es un ser humano sino un hombre representativo, un símbolo que no podría soportar una acusación de esta índole, y de hecho, el campesino que gobierna a los campesinos, el símbolo del régimen, no es más que un instrumento dócil en las manos del verdadero dictador: Stalin.

Me han dicho:

—¿Por qué no se queda usted dos o tres días más en Moscú y solicita una audiencia de Kalinin?

—¿Para qué? —he contestado—. A mí no se me ha muerto ninguna vaca.

Para mantener en toda su pureza el ideal comunista, sería preciso hacer una revolución cada cinco años. Esta es la gran tragedia del bolchevismo, insoluble mientras no se realice el sueño de la revolución mundial. La necesidad de mantener el régimen soviético en Rusia fuerza a los comunistas a pactar con los Gobiernos capitalistas y a favorecer el nacimiento y desarrollo de nuevas burguesías que ponen sitio, apenas nacidas, a las plazas conquistadas por la revolución. El comunista mismo, por grande que sea la pureza de su ideario, al poco tiempo de estar dedicado a la labor gubernamental, cae en un oportunismo político que le aleja fatalmente de los objetivos de la revolución. Así se ha creado esa burocracia del partido, que es hoy un formidable elemento conservador.

Frente a esta corrupción del ideal revolucionario, se ha levantado Trotsky a la cabeza de la oposición, postulando la necesidad de la «revolución permanente». A su lado están todos los idealistas del partido, todos los revolucionarios de sangre y casi todos los intelectuales. Pero Stalin, apoyado por los campesinos, los burócratas, la nueva burguesía y los comunistas de buena fe, que se engañan creyendo que pueden sacar incólume su ideología bolchevique a través de una política oportunista y jesuítica que sólo a un hombre genial como Lenin es dable intentar, ha dado la batalla a la oposición y ha vencido.

La oposición es fuerte; tiene a su lado a los prestigios máximos de la revolución y cuenta con la adhesión espiritual de los verdaderos comunistas. Pero Stalin tiene a su lado la máquina del partido, y cuenta, sobre todo, con la GPU. El triunfo de Stalin sobre Trotsky es principalmente un triunfo policiaco.

Los bolcheviques están curados de espanto en eso de las represiones por medio de la Policía, y el Gobierno de Moscú se ha tirado a fondo contra la oposición. Trotsky, la gran figura de la revolución, está expulsado del territorio soviético como un apestado, y en Siberia hay más de dos mil trotskistas deportados. Para darse una idea de lo dura que ha sido la represión, me aseguraba un *leader* de la oposición residente en Leningrado —donde hay un fuerte núcleo trotskista— que el Gobierno de Moscú ha utilizado para la deportación incluso lugares que el Gobierno del zar no se había atrevido a utilizar nunca por considerarlos demasiado inhóspitos.

La situación moral de los revolucionarios de sangre adictos al trotskismo, ante esta represión del Gobierno soviético, es realmente conmovedora. Hombres agotados en la lucha por la revolución contra los esbirros del zarismo, que creían haber conquistado con el triunfo del régimen soviético el derecho a la paz, se han visto de nuevo perseguidos, encarcelados, sometidos a registros domiciliarios, deportaciones y confiscaciones, lanzados de nuevo a la lucha revolucionaria, más feroz ahora que nunca, porque el Gobierno de Moscú, que conoce el temple de estos hombres, no puede tener con ellos ninguna tibieza.

Es el triste sino del revolucionario de sangre. Por poca que sea la comprensión y la solidaridad que se tenga con la conducta de estos hombres que en aras de un ideal revolucionario sacrifican sus vidas, el ánimo se sobrecoge ante el heroísmo con que ya viejos, quebrantados por toda una vida de sufrimientos, se lanzan de nuevo con ímpetu juvenil a combatir lo que ellos mismos crearon y en sus mismas manos se ha vuelto contra ellos.

Smirnoff, Comisario de Correos y Telégrafos hasta hace poco, era uno de los revolucionarios de más limpia historia dentro del partido. Era el prototipo del revolucionario de pura sangre. Los comienzos de su actuación se remontan casi a los tiempos de la Narodnaia Volia. Consagrado exclusivamente a la consecución de idea revolucionaria, no tuvo en su vida un momento de paz, perseguido siempre por la Policía zarista, en la cárcel, la deportación o el destierro durante toda su vida, no supo crear un hogar donde remansarse; en su vida azarosa, únicamente le acompañaba y auxiliaba su madre, víctima también, como él, de las persecuciones policiacas. Cuando subieron al poder los bolcheviques, Smirnoff se encargó del Comisariado de Correos y Telégrafos, y sólo entonces encontró la pobre vieja un poco de sosiego para su senectud.

Pero surgió la disidencia trotskista, y Smirnoff, idealista de siempre, se puso al lado de la oposición. Empezó a ser sospechoso ante los demás miembros del Gobierno, y poco después era destituido del Comisariado y sometido a estrecha vigilancia. Volvió entonces a la lucha revolucionaria con el mismo ardor de su juventud. No tardó en sentir las consecuencias.

Los agentes de la GPU se presentaron un día en su casa para hacer un registro. La madre de Smirnoff, octogenaria, casi ciega, alejada ya del mundo, fue sometida a un interrogatorio policiaco. Costó un gran trabajo hacer comprender a la vieja de lo que se trataba. No lo concebía.

Cuando a través de las brumas de su senectud pudo darse cuenta, se limitó a preguntar:

—Ha vuelto el zar, ¿verdad, camarada?

Mientras su hijo está en el destierro, la vieja se morirá repitiendo: «Ha vuelto el zar». «Ha vuelto el zar.»

Un español en Rusia: Ramón Casanellas

En el zaguán del pensionado de la Universidad Obrera de Sverdloff, oscuro y lleno de humo de tabaco, hay un grupo de mocetones con unánime tipo de chófer y unas muchachas guapas y mal vestidas —chaquetones remendados, los calcetines caídos sobre los zapatos viejos de tacón bajo y la cabeza liada en un pañuelo rojo anudado a la nuca— que bromean sin gana, recostados en las paredes o derribados en unos mugrientos bancos de madera. Un estudiantón de reciente origen aldeano, más diligente que los otros, se ha incorporado y me ha dicho mientras se rascaba la revuelta pelambrera metiéndose los dedos por debajo de la gorra:

—Cualquiera sabe por dónde anda ése; por ahí... Su compañera, que está algo enferma, se ha marchado al Cáucaso, y él anda suelto... Creo que duerme en una casa de por aquí cerca. Un gran tipo; mucho temperamento. ¿Usted no le conoce personalmente? Magnífico sujeto ese gorgojillo español. Es como un garbanzo, pero tiene fibra. Buen militante. Grandes tipos los españoles...

Una muchachita encinta, bizarramente encinta, se nos

acerca con esa afabilidad característica del pueblo ruso para con el extranjero, y dice algo que el estudiantón me traduce:

—Esta compañera dice que conoce la casa donde él ha ido a dormir anoche; no sabe si irá también esta noche, pero se brinda a acompañarte hasta allí camarada.

Al lado de esta muchachita, que bambolea su enorme panza montada sobre unas piernecillas finas de adolescente, echo a andar por este inclemente empedrado de las calles de Moscú. He tenido compasión de los pies de esta muchachita que tropiezan con las puntas de los guijarros a través de las suelas destrozadas, y suavemente la he llevado hacia la acera y se la he cedido. Cuando ella ha advertido esta galantería occidental, se ha revuelto ásperamente y me ha dicho algo que, conociendo ya el modo de ser de los comunistas, he comprendido fácilmente. La ofende la cortesía. Bueno.

Cruzamos dos o tres calles de esta barriada popular, que es exactamente como las barriadas populares de las ciudades españolas: en la calle de Atocha, de Madrid hace treinta años; la calle de la Feria, en Sevilla. Chicos que juegan tumbados en las aceras, mujeres arrebujadas en mantones, mendigos, vendedores ambulantes de baratijas, puestecillos de fruta en el borde de las aceras...

Mi compañera se detiene, me señala un gran portalón, da media vuelta y se marcha sin aceptar siquiera el ceremonioso *spasiva tovarich* (gracias, camarada) con que quiero corresponder al favor que acaba de hacerme. El comunista no considera nada como un favor que deba ser agradecido ni pagado; los servicios que presta son deberes de asistencia social.

Atravieso el portalón y me encuentro en uno de esos

grandes patios característicos de Moscú, que son como las plazuelas desiertas con losas cubiertas de verdín en que desembocan los callejones sin salida de las ciudades andaluzas. En el centro del patio, un par de árboles tristes; en un rincón, unos haces de leña; en otro, un montón de chatarra. Un gran silencio, y escalonadas en las paredes, las pupilas de cien ventanas que atisban impertinentes al que ha entrado en el patio y se queda un momento perplejo sin saber adónde dirigirse. Bajo el hueco de una escalera, un zaquizamí, en el que un viejo de clásica estampa moscovita hace hervir el samovar y después se sienta en el borde de su camastro con el vaso humeante entre las manos y se queda mirando, sin ver, hacia la lejanía.

Cruje bajo mis pies la vieja escalera de tablas apolilladas, avanzo a tientas por un pasadizo saturado de un olor agrio a coles cocidas y llego, tanteando los enormes muros, hasta una especie de rellano donde arde una lámpara de petróleo. Por una puertecilla entreabierta se ve a una mujer como de treinta años que está con los hombros desnudos peinando lentamente su gran mata de pelo negro delante de una esquirla de espejo.

Toda esta gente, tan metida en sí que ni siquiera advierte mi presencia, que me mira sin ver y me deja ir de acá para allá desorientado, sin salir de su ensimismamiento, me da la impresión de que estoy moviéndome entre figuras de cera.

Llego al azar hasta una puertecilla que parece cerrada por dentro y toco en ella con los nudillos. Nadie. Insisto una vez y otra. Nadie. Voy a marcharme desesperado cuando del fondo de la habitación sale una voz torpe que lanza unos sonidos incomprensibles.

—¿*Tovarich* Casanellas? —grito a través de la puerta.

Desde dentro me contestan con unos gruñidos que bien pueden ser ruso, y a poco se abre la puerta y aparece en la penumbra un hombre perfectamente dormido que me mira sin despertarse todavía.

—¿*Tovarich* Casanellas? —repito.

—Yo soy Casanellas. Dígame, no más, qué se le ofrece.

Un poco desorientado por aquel acento americano que no me esperaba, insisto, creyendo haberme equivocado:

—¿Ramón Casanellas?

—Yo mismito soy, caracho. Dígame, amigaso, qué es, qué me quiere.

Ramón Casanellas habla con acento americano y no ha estado nunca en América. La explicación es curiosa. Cuando en unión de Matheu y Nicolau cometió el atentado contra don Eduardo Dato, Ramón Casanellas era un muchachito catalán analfabeto que apenas conocía el castellano. Expresaba sus rudimentarias necesidades en un argot barcelonés esmaltado de galicismos adquiridos en sus correrías por Francia, en el que seguramente no entraba más de un centenar de palabras castellanas. Ha sido en Rusia, ante la necesidad de manejar un instrumento más apto para la cultura que su catalán —que no es precisamente el de la Fundación Bernat Metge—, donde Ramón Casanellas ha aprendido el castellano, y, claro, lo ha aprendido oyéndolo hablar a los delegados comunistas de las repúblicas sudamericanas que van a Moscú. Para Casanellas el castellano culto, la lengua en que se puede hablar seriamente y a fondo de las doctrinas marxistas y de la dictadura del proletariado, es sólo ese habla cadenciosa esmaltada de «no más» y de «amigaso» que ha aprendido de sus camaradas americanos.

Cuando se confía y habla llanamente de las vicisitudes de su vida, de la miseria de su infancia, de sus andanzas por la Barcelona industrial, de sus hazañas, usa un catalán cerrado lleno de interjecciones castellanas y francesas que es su idioma natural; pero cuando quiere apersonarse y se mete en el campo de las teorías revolucionarias, le salen los americanismos.

Es un caso muy curioso que revela la singular transformación que el ambiente de la revolución soviética ha operado en este revolucionario español semianalfabeto, suponiendo que, cuando cometió el atentado contra Eduardo Dato, Casanellas fuese realmente un revolucionario.

Casanellas me hace entrar, aunque de mala gana, en su cuarto; se sienta en el borde de la cama donde estaba durmiendo y se pone a escucharme silencioso y reservón, mientras balancea las piernas y me mira fijamente a la cara, queriendo adivinar no sé qué celada que indudablemente teme que yo le esté tendiendo. Es un tipo tan claro, tan sencillamente expresivo, que veo perfectamente en sus ojos el instante en que pasa por su imaginación la idea de plantarme en la calle sin más contemplaciones. Se contiene porque en este momento yo le estoy hablando de España, de sus amigos de allí, de lo que se dice de él…

Casanellas, con los ojos entornados, se acomoda en su camastro y se queda un poco ensimismado.

—¡España, España! ¡Caracho! —exclama—. ¡Cuándo podré volver yo por allá!

Se incorpora rápido, se despereza ampliamente para sacudirse la morriña y se pone a cruzar la habitación a grandes trancos, de punta a punta.

En las paredes llenas de desconchados y de manchas de humedad hay unos cuantos retratos de camaradas españoles y de camaradas rusos. Éstos, con ese aire imponente de actores bien caracterizados que tienen todos los rusos; los nuestros, con ese tipillo alegre y simpático de horteras endomingados que van de merienda el Primero de Mayo a la Dehesa de la Villa o al Parque de Montjuich.

Casanellas se queda mirando uno de estos retratos y vuelve a pasear furiosamente. Tengo la impresión de que para este pequeño español la inmensidad de Rusia con sus ciento treinta millones de habitantes no es más grande ni más divertida que la estrecha celda de un penal. Pero, en fin, más holgada que una caja de palo en el cementerio, ya es.

—Vamos a tomar una taza de té, camarada —me dice.

Aviva la llama del samovar, saca un trozo de longaniza, una concha llena de caviar y pan negro. Mientras va y viene preparando el té, reacciona vivamente:

—¡Puerca España!

—Yo tenía entonces veinticuatro años y era como una fuerza desatada, como un ciclón. Nadie comprendería de lo que yo me sentía capaz entonces. ¡De todo! ¡No me hable usted de lo que hice, del atentado!... Eso fue lo que se terció; lo hubiera hecho todo.

»Entonces... yo no sabía nada de nada; ni siquiera tenía idea de lo que es ser un verdadero revolucionario. Pero la vida me trataba mal, trabajaba, pasaba hambre y, sin embargo, yo me sentía fuerte, audaz, astuto... Había que romper por alguna parte. No se ve bien la salida, no se concibe claramente qué es ser revolucionario, pero uno siente que le acorralan... quiere uno vivir y no puede. Y así, a ciegas, sin saber, pregunta: "¿Qué hay que hacer?". Y lo hace. Lo que había que hacer entonces era "aquello", y se hizo...

Casanellas se queda un rato silencioso con el vaso de té entre las manos. Su charla es un poco incoherente, exaltada, imposible de reproducir; da la impresión de haber contraído la costumbre que tienen los rusos de decir en voz alta, a saltos y sin ilación verbal, lo que van pensando o sintiendo a lo largo del diálogo. De esta conversación sin vértebras yo saco la impresión neta de que este hombre recuerda con más cariño el ímpetu de su juventud —«la pobre loba muerta»— que los detalles de aquella hazaña suya que conmovió un día a España entera.

¿Hasta qué punto está satisfecho de lo que hizo? No creo que se haya arrepentido todavía de haber disparado su pistola contra aquel presidente del Consejo de figura macilenta y borrosa —¿es hora ya de decirlo?—, con cuya muerte ninguna aspiración revolucionaria se satisfacía; pero me ha parecido adivinar que deplora un poco no haber empleado más eficazmente aquella fuerza destructora de su juventud.

No quiere —en esto pone un gran empeño— ser únicamente el autor de aquel atentado terrorista de tan escasa eficacia, y se cree en el caso de justificarlo refiriéndose constantemente al medio ambiente y a aquel difuso anhelo revolucionario de muchacho inculto que entonces sentía.

—Uno sabía que valía para algo y estaba dispuesto a lanzarse a lo que fuese. Y no tenía una verdadera educación revolucionaria, ¡qué iba a tener!, sino la convicción de que arrastraba una vida miserable, y la desesperación de saber que ya siempre sería así. A los veinticuatro años yo había luchado, trabajado y sufrido más que muchos hombres a los cincuenta.

Siempre con frases sueltas, disparadas, incoherentes, Casanellas habla de su infancia rebelde y su adolescencia turbulenta y aventurera, de la pobreza de sus padres, de sus primeras peregrinaciones por la Barcelona industrial en busca de trabajo, de sus esfuerzos para salir del peonaje, que convierte a los hombres en bestias, y hacer su aprendizaje de mecánico, de sus huidas a Francia huyendo del *lock-out*...

—Una vez estaba yo en París trabajando en las obras del Metro; a mi lado pasó una muchachita blanca, sonrosada, pulida. Me encandilé, y tirando la piocha me fui hacia ella y le dije no sé qué cosa que quería ser un requiebro. La chica, al verme, hizo un mohín de asco y me volvió la espalda. Entonces me puse furioso y le grité en catalán todas las bestialidades que sabía. ¡Cochina burguesa!

De los recuerdos de su adolescencia salta Casanellas a las evocaciones de Barcelona en la época del sindicalismo.

—¡Gran tiempo! Un hombre valía entonces para algo más que para irse muriendo poco a poco amarrado al tajo. Fueron los burgueses los que nos lanzaron. Pero ya íbamos adquiriendo cierta experiencia y cierto sentido revolucionario. Después, ellos se asustaron. A nosotros nos daba igual. Aquello estaba ya bien maduro y nos parecía que íbamos a poder liquidarlo a tiros de Star.

Ramón —a Casanellas en Rusia todo el mundo le llama Ramón— hace un alto en su incoherente charla y, adoptando súbitamente un tono seco de hombre que quiere ser austero, me dice:

—¿Pero por qué hablar de mí? Eso no le interesa a nadie. Yo no soy más que un revolucionario que cumple su deber. Ustedes los burgueses se pagan de muchas tonterías y no saben lo que es la austeridad revolucionaria. Ustedes no tienen idea de lo que es un bolchevique. ¡Un bolchevique! ¡Qué cosa, caracho! Nosotros no tenemos que aparecer en los periódicos, ni que hacer declaraciones, ni debemos dejarnos arrastrar por esas estupideces exhibicionistas de los políticos servidores del capitalismo. Usted quiere, camarada, hablar de mí; bueno, yo no le digo nada; usted hable lo que quiera; yo no le he hecho a usted declaraciones; usted allá.

Cuando Casanellas llegó a Rusia después de las emocionantes peripecias de su huida, el Gobierno de Moscú, que había ofrecido hospitalidad a los perseguidos por delitos políticos de todos los países, le trató bien. Pero aquella gente, avezada a una lucha revolucionaria feroz, no era muy propicia a extasiarse ante ningún héroe revolucionario, y a poco de su llegada se le dijo a Casanellas:

—Bien, camarada. Tú has cumplido con tu deber como cada uno de nosotros cumple a diario con el suyo.

Pero, ¿y ahora? Tendrás que seguir trabajando por el triunfo de la revolución. No vamos a convertirte en un burgués.

Casanellas no era entonces un «trabajador consciente», como allí se llama a los directores del partido. Carecía de preparación, no había leído siquiera a Carlos Marx. Sólo tenía corazón y coraje y cierta destreza como mecánico de motores de explosión. No le quedaba en la Rusia soviética otra salida que la de «sentar plaza».

Le otorgaron el honor de defender la revolución con las armas en la mano y fue destinado como simple soldado a uno de los cuerpos del Ejército Rojo que operaban en el Sur de Rusia, donde todavía estaba latente la guerra civil y las bandas supervivientes de los ejércitos contrarrevolucionarios, convertidas en cuadrillas de bandidos, asolaban el país.

Alistado en aquel ejército de proletarios descalzos, hambrientos y cubiertos de harapos que iban a imponer el ideal comunista que ellos mismos no sabían sentir claramente a un pueblo inculto, semisalvaje, fanático, apegado a sus tradiciones seculares y educado en el dolor y en la crueldad asiática, Ramón Casanellas vio de cerca y palpó todo el horror de aquella época, la más terrible que registra la Historia. Como en una visión dantesca, desfilan ante este pequeño español los episodios de la lucha contra los cosacos, el levantamiento de los campesinos puestos al lado de los comunistas por miedo a la barbarie de las hordas contrarrevolucionarias, la guerra civil, el comunismo de guerra ejercido implacablemente contra la misma población civil, la lucha espantosa con los *mujiks*, los fusilamientos en masa, y, finalmente, el hambre, aquel azote callado, aquellos millones de seres extenuados que se abatían sobre el suelo ruso sin un rumor, en medio de un silencio de muerte, que sólo rasgaban de vez en cuando las descargas de fusilería del Ejército Rojo, que iba imponiendo sin compasión su justicia.

Cuando Casanellas evoca aquella época de su vida, él, que tanto alardea de su coraje, no puede reprimir un gesto de horror.

—Lo que era aquello no lo comprenderá nunca más que el que estuvo allí. He visto morir más gente que pelos tengo en la cabeza. ¡Se habla muy fácilmente de la revolución! ¡La revolución! No sabe nadie por allá abajo lo que cuesta ganarla. Ya quisiera yo haber visto aquí en 1921 a más de cuatro. En ese Ejército Rojo que ve usted ahora perfectamente equipado, he pasado yo lo que nadie se figura cuando estábamos allá en las aldeas del Sur, rodeados de *mujiks* que nos cerraban las puertas a ver si reventábamos, y en jaque siempre por las bandas de cosacos. Aquí, aquí quería yo poner a los guapos de Barcelona... Yo no soy un niño de teta, ¿verdad?, sin embargo, ¡cómo me pesan esos años! ¡Caracho! ¡Cómo peleábamos y cómo moríamos!

»¡Y usted viene ahora a hablarme del atentado de Madrid...! ¡Bah! Esto, esto de aquí es lo que hay que saber. De esto sí que vale la pena hablar.

Casanellas, incapaz de articular sus recuerdos en un relato, se queda inmóvil en el camastro, con los ojos fijos en el pasado que debe representársele con la absurdidez de una pesadilla. Mientras, yo evoco la figura de este gorgojillo español cogido en medio de aquella lucha feroz, salvaje, asiática, rodeado de gente extraña incomprensible, de delirantes que mataban y se hacían matar sin comprender claramente por qué…

—En fin, ya pasó —dice luego Casanellas—; usted no sabe camarada la alegría que ahora nos da cuando vemos que esto marcha. ¡Con lo que nos ha costado! ¡Qué orgullo cuando conseguimos poner en explotación una fábrica o que ande un tranvía o que ruede un carro!

Entran en la habitación donde estamos charlando primero un perrazo imponente y después un chiquillo como de ocho a diez años, fuerte, curtido, hosco, vestido con el uniforme de los *pionniers* del Konsomol: es el pequeño Casanellas.

—Éste es catalán—me dice Ramón—; nació en Barcelona. Cuando yo fui a Madrid a «aquello», todavía estaba en los pañales. La madre se ha muerto en España y me lo he traído a Rusia. Sólo lleva aquí unos meses y ya habla bastante bien el ruso. Éste será un buen bolchevique.

El chico, que viene rendido de rodar por el campo a su albedrío durante todo el día —pura educación comunista—, cruza por delante de nosotros sin despegar los labios y va a echarse en un rincón, donde se pone a mordisquear un gran pedazo de pan negro y unas rodajas de longaniza, mientras se le van cerrando los ojos vencido por el sueño.

Casanellas sigue contando sus andanzas en el Ejército Rojo. Como era mecánico, entró en el servicio de aviación y allí se hizo piloto. Por méritos de guerra, obtuvo la graduación de comandante. El comandante en el Ejército Rojo es sólo una especie de suboficial.

Tuvo varios accidentes de aviación. En España se dijo que en uno de ellos se había matado.

—Yo estaba en Barcelona —dice el chico abriendo los ojos—, y una mañana, al pasar por delante de un quiosco de las Ramblas, vi un periódico que publicaba con letras muy grandes la noticia de que mi padre se había matado. Y creí que era verdad... —agrega el chico mientras se le cierran los párpados—; después resultó que no.

Son las doce de la noche. Llevamos ya cinco horas charlando. El pequeño Casanellas se ha echado sobre su camastro y duerme a pierna suelta completamente vestido y equipado. El perrazo se enrosca junto a él y poco a poco va metiendo el hocico hasta colocarlo junto a la cara del chico, sobre la que lanza sus resoplidos isócronos. En el marco de la puerta aparece silenciosamente una figura de mujer. Es aquella vecina que estaba antes peinando cuidadosamente su gran mata de pelo negro. Cuando veo cómo sonríe gachonamente al pequeño español, me levanto dispuesto a marcharme. Conozco ya bastante la simplicidad bolchevique en cuestiones amorosas.

Casanellas me agarra del brazo y me dice:

—Espérese, camarada; yo me marcho también.

Se encasqueta la gorra hasta las orejas y nos echamos a la calle. Mientras caminamos se me cuelga del brazo y me dice entusiasmado:

—¡Aquellas mujeres de España...!

La compañera de Casanellas es una muchachita revolucionaria de tipo intelectual. Es ese tipo tan frecuente en la literatura rusa. Ella ha sido quien ha impreso el derrotero definitivo a la vida de Ramón.

Cuando después de la campaña en el Ejército Rojo volvió Casanellas a Moscú, se le planteó de nuevo el problema de su existencia. ¿Qué iba a hacer? No bastaba haber hecho la guerra para ser un buen comunista. Mientras continuase siendo un hombre inculto, no podría ser un buen revolucionario. La manía teorizante de los rusos colocaba a Ramón en un plano de inferioridad. Casanellas no había leído a Carlos Marx, y aquella muchachita comunista que se enamoró de él tomó sobre sí la tarea de convertirle en un militante perfecto. Para esto había que estudiar.

Casanellas gestionó una beca en la Universidad Obrera de Sverdloff, donde se cursan las disciplinas necesarias para convertir a un hombre de acción en un «revolucionario consciente»: Economía Política, Sociología, Marx, Engels, Plejánov, Lenin, mucho Lenin... Dados sus merecimientos revolucionarios, Casanellas obtuvo fácilmente el ingreso en la universidad, y en ella se ha pasado cuatro años metiéndose en la cabeza el inmenso fárrago de las teorías comunistas.

Éste ha sido el esfuerzo más dramático de la vida de Casanellas: estudiar todo eso sin conocer bien el ruso, ignorando incluso el castellano, sin tener nociones de nada, sin una educación elemental que le sirviera de base para las lucubraciones marxistas. Casanellas me enseña las canas que le han salido estudiando. Le parece seguramente más heroico comprender todo aquello que despachar a una docena de presidentes de Consejo.

Pero la superstición teorizante de los bolcheviques es implacable. Para ser buen militante hay que tener una preparación científica. Sin ese paso por la universidad no es posible el desempeño de cargos públicos.

Casanellas ha terminado este verano su penoso calvario, ya está en disposición de ser el diputado Casanellas o el ministro Casanellas. No creo, sin embargo, que como político — «trabajadores responsables» se llaman allí— llegue adonde llegó como hombre de acción.

Ahora, cuando habla de sus estudios en Sverloff, Casanellas vuelve a ponerse un poquito pedante. Mientras paseamos por Moscú durante la madrugada, se enreda en una disertación sobre la lucha de clases, la dictadura del proletariado, el capitalismo de Estado y el régimen comunista. Vuelven a salirle los americanismos; ese acento americano que él cree que es el acento del español culto.

Entramos en una taberna y nos ponemos a beber *kvas*, esta cerveza agria de los rusos que molesta al paladar y no emborracha. Yo vuelvo a hablar del atentado contra Dato. Casanellas, cuando recuerda los detalles de su fuga, se pone del mejor humor del mundo.

Está tan orgulloso de ella, que la única vez en su vida que se ha sentido escritor ha sido para contar en un artículo cómo burló a la Policía y salió de España.

Recuerda cariñosamente a los amigos que le ayudaron en su huida. Sobre todo aquel viejo anarquista que la noche del atentado, cuando estuvo de vuelta de la Ciudad Lineal, donde había dejado la moto, le recogió en su casa y le tuvo escondido durante muchos días, mientras se llegaba a ofrecer un millón de pesetas al que le delatase. En una mísera casita de los alrededores de Tetuán de las Victorias, por donde andaba husmeando la Policía, estuvo Casanellas hasta que, pasados los primeros momentos de revuelo, pudo marcharse tranquilamente por la carretera hasta la frontera.

—¿Verá usted a aquel viejo camarada?
—Sí, le veré; le veo frecuentemente.
—Dele usted un abrazo de parte de Ramón. Se portó bien conmigo.

Hablando de la conducta de aquel viejo anarquista, Casanellas se enfrasca de nuevo en las divagaciones teóricas sobre la acción revolucionaria. Es la pedantería teorizante de todos los comunistas rusos. No comprende este hombre cómo lo que más puede interesarme de él son los detalles de la acción, y no el mecanismo simple de sus reflexiones.

Nos echamos de nuevo a la calle. Moscú, de madrugada, ofrece la silueta emocionante de sus palacios y sus iglesias bizantinas recortada sobre un cielo cubierto de nubarrones plateados. Por las calles, completamente a oscuras para economizar fluido eléctrico, pasan frecuentes parejas de jóvenes comunistas que van riendo y bromeando; de vez en cuando nos cruzamos con un pelotón de hombres que marchan lentamente a la deriva por las calles abrumados bajo el peso de sus imponentes petates: son los campesinos que la revolución echa en oleadas sobre Moscú.

Me despido de Casanellas. Está amaneciendo, y dentro de una hora sale el avión que ha de llevarme en un solo vuelo hasta Berlín.

—¿Y estará usted esta noche en Berlín? —me pregunta Casanellas.
—Sí, esta noche.
—¿Cuánto tarda usted en llegar a España?
—No sé si me detendré en el camino. Pero puedo salir esta mañana de Moscú para estar por la noche en Berlín, salir mañana de Berlín para hacer noche en Ginebra, y seis horas después en Barcelona.
—En Barcelona... —repite Casanellas.
—Sí, en Barcelona.
—Es decir que...; hoy es miércoles...; el miércoles, el jueves...; eso es: el viernes en Barcelona.
—Sí, el viernes.
Casanellas se queda un rato silencioso y después repite:
—Eso es: el viernes en Barcelona...
Se me hace tarde y echo a andar hacia el aeródromo. Casanellas, pegado a mí, sigue caminando sin despegar los labios. Cuando desembocamos en la avenida que conduce al aeródromo me vuelvo hacia él y nos despedimos de nuevo.
—Hasta la vista, Ramón.
—Hasta la vista.
Cruzo aprisa la amplia calzada. Desde lejos vuelvo la cabeza y diviso a Casanellas que sigue allí clavado. Le digo otra vez adiós con la mano y le veo dar media vuelta y echar a andar pegándose a las paredes, con las manos metidas en los bolsillos y la gorra encasquetada.
Poco a poco, su figurilla se va desvaneciendo en las vacilaciones del alba, que riñe su batalla en aquella calleja oscura de Moscú por donde Ramón se ha ido.

Una síntesis, seguramente arbitraria, del panorama soviético

Deliberadamente me he limitado, en la reseña de mi viaje por el territorio ruso, a exponer, desnudos de artificio, los pequeños hechos de la vida cotidiana que caían bajo mi zona de observación, y he guardado cuidadosamente tanto la documentación oficial, que a manos llenas se me ha ofrecido en Rusia, como cualquier deseo de interpretación personal que pudiera haberme asaltado.

Pero, ya al final, me espanta un poco la interpretación que pueda darse del hecho aislado que honradamente yo consigno. Es imprescindible, dado el conocimiento que se tiene en España de la situación actual de la Rusia soviética, ensartar esos hechos aislados en una exposición algo más coordenada que el relato de un viaje para que sirva de pauta a su acertada interpretación. No escribo para especialistas documentados, sino para el gran público.

Y como, a mi juicio, los errores de interpretación sobre las cosas de Rusia parten, creo yo, de que unos tienen la convicción de que el régimen soviético está a punto de extenderse por todo el universo como fórmula redentora de la humanidad, y otros, en cambio, consideran que la revolución comunista no es más que una utopía, la obra infecunda de unos cuantos delirantes que se han aprovechado del estado de descomposición de un pueblo inculto para instaurar un régimen monstruoso, creo esencial reflejar lo más exactamente posible, aunque desde luego a base de una interpretación personal que carece en absoluto de toda autoridad, la situación en que se encuentra hoy Rusia ante el mundo.

El poder soviético está definitivamente consolidado. No creo que exista ya en toda Europa un solo político capaz de creer honradamente esas patrañas contrarrevolucionarias que las agencias periodísticas subvencionadas por los Estados burgueses lanzan cada día anunciando la inminente caída del Gobierno de Moscú.

Pero la consolidación del régimen soviético se ha hecho a costa del sacrificio de las teorías comunistas. La dictadura del proletariado ha tenido que dar un paso atrás y quedarse en una suerte de capitalismo de Estado muy semejante al que se esboza en Alemania, por ejemplo, con el cual los Gobiernos burgueses pueden transigir y pactar tranquilamente. La revolución mundial no es ya más que una aspiración romántica de los idealistas del partido, a la que el Gobierno dedica cada vez menos dinero. Éste es el sentido de la victoria de Stalin sobre Trotsky.

Un formidable nacionalismo fomentado hábilmente por el Gobierno de Moscú en todas las repúblicas de la Unión es hoy el verdadero sostén del régimen que no ha querido quedarse a merced de una problemática revolución mundial.

Aparte la renuncia a la teoría de la «revolución permanente» que postulaban Trotsky y sus amigos, el Gobierno de Moscú ha ido evolucionando por etapas sucesivas, y en la actualidad se ha restablecido la libertad del comercio interior, en los campos se ha concedido a la burguesía el derecho a arrendar sus tierras y a contratar el trabajo de los obreros, se ha restaurado el derecho de herencia, se ha abierto nuevamente a los hijos de los burgueses el acceso a la enseñanza superior, se ha devuelto a los campesinos el ejercicio de sus derechos electorales y en las fábricas se ha limitado la intervención de las células obreras a la función de controlar el cumplimiento de las leyes de trabajo. Todo esto tiende eficazmente a la consolidación del régimen.

Frente a esta política de concesiones a los Gobiernos burgueses y a la burguesía del interior, se ha levantado la posición acaudillada por Trotsky, que acusa a Stalin de «thermidoriano». «¡Están liquidando la revolución para mantenerse en el Poder!» —gritan.

Es una realidad que las conquistas revolucionarias van sucumbiendo ante la necesidad de defender el régimen. El empujón de la burguesía exterior o interior va más allá que todas las concesiones, y el mismo Stalin, que derribó a Trotsky porque éste quería volver al comunismo de guerra para defender la revolución, se ve obligado ahora a tomar el programa de su adversario y pronto tendrá que poner en práctica aquellas medidas excepcionales que aconsejaba el organizador del Ejército Rojo, si no quiere ser arrollado por la nueva burguesía que se lanza al asalto del último baluarte comunista: el monopolio del comercio exterior. Rikov, con una gran parte de los miembros del Gobierno, parece que está dispuesto a hacer también esta última concesión, ante la que Stalin se detiene atemorizado. Y una nueva escisión se dibuja en el seno del partido.

Pero no hay que hacerse ilusiones. Los jefes comunistas podrán acometerse encarnizadamente y acusarse mutuamente de contrarrevolucionarios y de «thermidorianos», podrán acertar o errar en esta política oportunista de zigzags, de tira y afloja, que vienen desarrollando; pero hay una inmensa masa popular dispuesta a todo trance a defender el régimen y a impedir toda la acción capitalista o pequeñoburguesa. Se da el caso de que la misma gente que pone en peligro la vida del régimen, incluso el *nepman* y el *kulak*, los enemigos jurados del comunismo, se levantarían en masa para apoyar al Gobierno de Moscú si éste se hallase realmente en peligro. Y es que el comunismo en el Poder no es ya sólo comunismo: es también la paz, el orden, el fomento de la riqueza nacional, la garantía de la independencia nacional... Y la gran masa social que ama estas cosas por encima de todo cierra los ojos ante la doctrina comunista, procura eludir sus consecuencias, se pliega todo lo posible a la voluntad de los gobernantes y, en definitiva, los apoya.

Decía recientemente el gran duque Cirilo, heredero del trono de los Romanov, que la restauración de la Monarquía en Rusia no representará la vuelta a la autocracia, y que los campesinos podrán seguir gozando de la posesión de las tierras.

Después de haber recorrido el territorio ruso, desde Leningrado a Bakú, yo me imagino la gran carcajada que ciento cuarenta millones de habitantes lanzarían al conocer estas concesiones de Cirilo Vladímirovich. En Occidente es posible que esta actitud democrática del pretendido zar se considere como una habilidad política capaz de surtir algún efecto; en Rusia, aun para los antibolcheviques, estas palabras sonarán seguramente de un modo grotesco.

Y es que, aunque parezca mentira, doce años después de la revolución, todavía se desconoce la verdadera trascendencia que ha de tener en el mundo la dictadura del proletariado. En Rusia, esto no hace falta ser profeta para asegurarlo, no habrá ya nunca una restauración monárquica, ni cabe soñar en la sustitución del socialismo imperante por ningún régimen liberal o democrático a la manera occidental.

Hay indudablemente unas etapas de transformación de la dictadura del proletariado que se irán cubriendo penosamente, en medio de terribles luchas, con marchas hacia atrás y hacia delante. El programa comunista será muchas veces vulnerado, se harán concesiones al capitalismo todo lo que sea necesario; pero la revolución seguirá su marcha.

A través de todas las claudicaciones impuestas por el error —tal vez deliberadamente cometido— de implantar el régimen comunista en el país que estaba en peores condiciones para hacer la experiencia, a pesar de la incapacidad de los directores del comunismo para imponer sus convicciones, la doctrina marxista seguirá abriéndose camino. Hoy existe en Rusia una generación que no concibe la existencia sino dentro del régimen comunista.

Es cierto que el comunismo, al salir de las obras de

Marx y Engels y de las exégesis de Lenin, para hacerse carne del pueblo ha sufrido tales adulteraciones que puede creerse incluso que ha negado su propia esencia. El oportunismo de los *leaders* de la revolución, capaces de todas las claudicaciones por sacar adelante el Gobierno de Moscú, los coloca al lado de los oportunistas de la Segunda Internacional, a los que con tanta saña combatieron. Éstos, los socialistas de Ámsterdam, son los que tienen derecho a formular reproches a los comunistas y a decirles: «Se han lanzado ustedes a la revolución desencadenando sobre Rusia la guerra civil, el bloqueo, el terror y el hambre, para no conseguir, en definitiva, sino lo que nosotros postulábamos».

En el momento actual, ésta es la verdadera situación. Los bolcheviques no han conseguido sino aquello que los socialistas van logrando en los países capitalistas por medio de un procedimiento evolutivo. ¡Y para conseguir tan poco han sido necesarias esas infamias, esos crímenes de la Checa, las matanzas de Arkángel, el hambre, la guerra civil, el bloqueo, los niños abandonados y el Ejército Rojo!

A este justo reproche, dos comunistas pueden contestar diciendo que dada la situación del pueblo ruso en 1917, ni este poco siquiera se hubiese conseguido por procedimientos evolutivos normales. Rusia no era Francia, ni siquiera Alemania. Aun dando de barato que, andando el tiempo, los bolcheviques no consigan más que lo que aspiraba a conseguir Kerensky, ¿hubiese éste logrado lo que quería? Al surgir la revolución de noviembre, ¿no estaba ya Kerensky en manos de los generales zaristas?

No; pensar que la revolución comunista, porque no

haya podido mantener sus conquistas y porque haya tenido que emplear procedimientos de represión verdaderamente inhumanos, pueda ser liquidada con un borrón y cuenta nueva y pasar a la Historia como un movimiento de regresión a la barbarie, es una insensatez que no puede caber en ninguna cabeza medianamente organizada.

Cuando los bolcheviques se lanzaron acaudillados por Lenin a la conquista del Poder, la idea comunista no había madurado lo suficiente, y el pobre pueblo ruso ha padecido las consecuencias de esta precipitación y las seguirá padeciendo todavía durante mucho tiempo. El obrero de Moscú seguirá viviendo peor que el de Londres, Berlín o París. Pero el porvenir es suyo.

La dictadura del proletariado ha planteado en Rusia un problema cuya existencia no se sospecha siquiera en los estados capitalistas: el problema del derecho al trabajo. ¿Tiene todo el mundo derecho a trabajar? ¿Quiénes son los únicos que pueden gozar del privilegio del trabajo?

Mientras se creía que el trabajo no era más que una maldición divina y el trabajador era considerado en el seno de las sociedades burguesas como el ser desgraciado sobre el que se descarga el peso de esta maldición, era fácil atribuir a todo el mundo la obligación de trabajar; pero ahora que el trabajo es un privilegio, y el trabajador, por el hecho de serlo, entra a formar parte de una casta aristocrática que se reserva todos los derechos de la ciudadanía, surge el problema de saber quiénes son los seres privilegiados que tienen derecho a trabajar. Hoy en Rusia todos quisieran ser trabajadores. ¿Lo pueden ser todos? Indudablemente, no.

La condición excelsa del trabajo, que en los países burgueses no es más que una figura retórica, en la Rusia de los soviets es una realidad tangible. El trabajador es un ser superior que goza de todos los privilegios sociales, que se atribuye la misión providencial de dirigir al resto de la humanidad y se reserva, como premio a su indiscutible superioridad, todas las ventajas de orden material que la civilización pueda reportarle. La revolución no ha conseguido todavía hacer disfrutar a los trabajadores de ninguna ventaja de orden material; el obrero vive en Rusia tan mal como en cualquier país capitalista, y muchas veces peor. Pero la superioridad moral, los privilegios de índole espiritual están indudablemente en su mano. Un obrero de Bakú trabaja más horas al día que uno del Ruhr o de Riotinto; se alimenta acaso peor, está más derrotado, si cabe; pero tiene la convicción de que el mundo está en sus manos, de que es él quien gobierna, y de que no hay más obstáculo a su voluntad que la resistencia de la Naturaleza a ser dominada por el hombre. Todo lo que se cuenta de los procedimientos represivos del Gobierno de Moscú, de la tiranía del partido comunista, de los manejos inquisitoriales de la Policía soviética, es absolutamente cierto. Pero todo esto no roza siquiera los derechos del trabajador. En la Constitución rusa no aparecen por ninguna parte los Derechos del Hombre; sólo se encuentra presidiendo la Constitución del Estado la «Declaración de los Derechos del pueblo trabajador y explotado».

El hombre, por el hecho de serlo, no tiene ningún derecho, su libertad y su vida están a merced de la GPU.

En cambio, el trabajador goza de la más absoluta inmunidad. Mientras un obrero comerciante puede ser víctima de la «Suprema medida de defensa nacional» (así se denomina la pena de muerte) por una simple contravención de las órdenes o decretos soviéticos, un obrero puede manifestar ostensiblemente en su célula de fábrica o en el soviet local su disconformidad con la política del partido, combatir a los *leaders* y denunciar públicamente sus abusos de poder y sus inmoralidades. Claro es que el Gobierno de Moscú no se deja arrastrar por la acción política de los descontentos, que procura neutralizar cuidadosamente; pero se guarda mucho de aplicar a los trabajadores dos clásicos procedimientos dictatoriales. Se da el caso de que ni siquiera el *leader* goza de la inmunidad que tiene el obrero. Los jefes trotskistas, y Trotsky mismo, conocen el destierro y la cárcel; pero no así sus partidarios de los talleres y los campos. Basta decir que, no obstante, la furiosa campaña de la oposición, la GPU, que ha dado muerte en los sótanos de la Lubianka a muchos miles de burgueses sin una vacilación, no se ha atrevido a fusilar a uno solo de los miembros de la oposición trotskista.

Esta inmunidad de las clases trabajadoras, convertidas súbitamente en la única aristocracia de Rusia, empuja a la masa de la población hacia la conquista del carné del sindicato, como en los países burgueses la empuja a la consecución de los títulos de nobleza o los billetes de banco.

Los desastrosos efectos de esta invasión del campo de los trabajadores auténticos por estas masas de gentes incapaces que quieren aparecer en las filas de los que trabajan, sin capacidad para ello, y sólo por el poder personal que del trabajo se deriva, los han sentido bien pronto los directores de la revolución. Los talleres y las fábricas donde se necesitan obreros conscientes preparados, forjados en esa disciplina férrea del trabajo, han sido inundados por gente de procedencia burguesa blanda para el trabajo, sin disciplina, sin moral, sin preparación técnica, gente acostumbrada a esa insolvencia y falta de responsabilidad característica de los servidores humildes de la burguesía, tipos domésticos incapaces del heroísmo que la revolución pide a los que llama «trabajadores responsables».

Estos contingentes de trabajadores improvisados, procedentes de la burguesía, son los que han llevado la corrupción a la burocracia soviética restableciendo todas las inmoralidades del régimen anterior dentro del nuevo régimen, a pesar de la buena voluntad de los directores.

Por otra parte, la propaganda de la revolución en los campos ha echado sobre las ciudades bandadas de campesinos incultos ansiosos de poder, que llegan a Moscú creyendo que, por el hecho de ser trabajadores, están ya capacitados para ingresar en esa casta privilegiada que se ha adjudicado el Gobierno de Rusia. Esas masas de emigrantes del campo a la ciudad que yo he visto perdidas por las calles de Moscú en busca de trabajo, con sus petates mugrientos a la espalda, durmiendo a la intemperie, viviendo del pillaje y la mendicidad, no tienen indudablemente derecho al trabajo. Si la industria rusa estuviera tan desarrollada que realmente necesitara de ellos y los ocupara, no tardarían en sentirse los daños que en la producción ocasionarían estos trabajadores improvisados, estos obreros sin la moral del obrero, analfabetos en su mayor parte, ambiciosos, conservadores, torpes. No; el derecho al trabajo no alcanza a todos.

Sólo una parte de la población, la más noble, la más culta, tiene derecho al trabajo. El resto tiene que ser considerado por ahora como una masa parasitaria a la que los trabajadores tienen que nutrir.

Económicamente, la situación es la misma que antes del triunfo del bolchevismo. El trabajador tiene que producir para él y para los que son incapaces de producir. La diferencia estriba en que antes eran los incapaces, los parásitos, quienes gobernaban, y ahora son los trabajadores los que producen, quienes tienen en sus manos el cetro del mundo. Esto solo ya puede valer por todas las víctimas de la revolución.

A los once años del golpe de mano bolchevique, el panorama ruso aparece todavía desconcertado y ruinoso, lleno de resquebrajaduras y a punto de caer. El viajero que se adentra con las manos en los bolsillos de su gabardina burguesa por las barriadas de las grandes ciudades, donde pulula luchando por acomodarse a las nuevas circunstancias una muchedumbre mal vestida y desorientada, tiene la impresión de que aquello es una cosa caótica cuya ruina es inminente. Después de estar rodando por toda Rusia durante un mes y de tocar de cerca todas las dificultades con que se tropieza para la vida, tanto en las grandes ciudades como en las aldeas, es perfectamente explicable el encono con que hablan del régimen soviético los viajeros que no han sabido sobreponer su juicio sobre la revolución a las molestias personales que el nuevo orden les ocasiona. Realmente, la impresión que Rusia produce al viajero occidental es desastrosa.

Pero esta impresión, puramente visual, no es absolutamente cierta. De la obra revolucionaria, el viajero no ve más que las resquebrajaduras, las fallas, el albergue incómodo, el tren que no llega, el taxi caro, la falta de urbanización en las calles, la ausencia de confort en las casas, el hacinamiento de seres en las viviendas, la suciedad de las comidas en los restaurantes cooperativos... La reconstrucción de la sociedad deshecha por la revolución sobre la base de la dictadura del proletariado escapa a su comprensión. Y esta reconstrucción, no terminada aún, es, a pesar de todas las fallas, una obra formidable.

Todavía hay que hablar y discutir demasiado. Nada está suficientemente reglado y estatuido. El hecho de trasladarse de un lugar a otro, el satisfacer una necesidad cualquiera, la menor cosa, origina una serie de dificultades casi insuperables. Las cosas más sencillas, las que en las sociedades burguesas se desenvuelven mecánicamente casi sin que nos demos cuenta de ellas, plantean en la Rusia soviética unos terribles problemas jurisdiccionales, unos debates interminables que acaban con la paciencia de todo el que no tenga este sentido del tiempo que tienen los rusos. El empleado de la ventanilla, con el que no estábamos dispuestos a cambiar más que unas palabras sucintas, nos enredará en una discusión doctrinal sobre el marxismo y se quedará meditando con la cabeza entre las manos ante nuestra demanda, mientras detrás de nosotros, en espera de que se resuelva nuestro caso, aguarda pacientemente, a pie firme, una cola de cincuenta personas, cada una de las cuales planteará, cuando le llegue el turno, un nuevo problema de conciencia al funcionario de la ventanilla.

Esta incapacidad administrativa de la nueva clase directora se agrava al querer remediarla aumentando hasta el infinito el número de burócratas y dictando a diario centenares de disposiciones casuísticas que convierten la Administración en una maraña inextricable.

Esto es lo que ve el viajero, y de ello deduce el fracaso de la revolución.

En la reconstrucción de un país tan vasto como Rusia, que ha pasado por un periodo revolucionario de veinte años, por una guerra imperialista, por la desaparición del Estado autócrata y la instauración de la dictadura del proletariado, por la sequía y el bloqueo, es imposible ya juzgar qué males son imputables a la incapacidad o mala voluntad de sus directores y cuáles son los que obedecen al encadenamiento fatal de los hechos.

La propaganda anticomunista, que de manera tan inteligente sostienen los países capitalistas, hace aparecer a los bolcheviques como a los representantes del espíritu del mal en la tierra. El mismo conde de Keyserling cree explicárselo todo cuando dice que Lenin y sus discípulos son de espíritu «satánico».

Los bolcheviques son, pues, los causantes de los males de Rusia, los que han desencadenado las catástrofes y enzarzado las guerras y provocado la sequía en los campos.

Pero esta postura cerril no sirve sino para que, por otra parte, y como reacción natural, haya en el mundo un sentimiento de solidaridad con esta casta de hombres que arrostran injustamente la maldición de la humanidad burguesa.

Después de haber recorrido Rusia y de haber buscado afanosamente cuanto en pro o en contra de la revolución se ha escrito, yo me atrevo a creer que la postura del hombre auténticamente civilizado no es la de ser comunista o anticomunista, sino la de estar atento al desenvolvimiento de los hechos, pesando y sopesando las responsabilidades de cada uno de los factores que han intervenido en la terrible experiencia que se está haciendo en la carne viva de un pueblo de ciento cuarenta millones de habitantes, sin desechar la posibilidad del alumbramiento de una nueva humanidad, pero sin perder de vista al mismo tiempo que puede haberse errado la senda.

¿La última palabra sobre la revolución? Que se atreva a decirla quien tenga valor suficiente para ello. Feliz o desgraciadamente, no ha sonado todavía para nosotros la hora en que hay que pronunciarse. Esa hora que arbitrariamente Lenin hizo sonar para Rusia.

Todavía dentro y ya desde fuera

Vamos caminando lentamente por las calles de Leningrado. Nuestros pasos resuenan estrepitosos en este gran silencio de la ciudad desierta. De tiempo en tiempo se cruza con nosotros un transeúnte que va pegado a las fachadas suntuosas de los palacios con este mismo aire divagador —aire de visitante de museo— con que nosotros vamos recorriendo la soberbia ciudad de Pedro el Grande.

Leningrado da hoy una impresión de ciudad deshabitada. Es, aumentada —en Rusia todo hay que multiplicarlo por veinte—, la misma impresión que produce Potsdam. Mientras Moscú, con el comunismo metido en las entrañas, es como una marmita puesta a hervir en la que va cociéndose el bolchevismo a fuego lento, Leningrado, abandonado, un poco clausurado, aparece en ese momento crítico en que una ciudad viva pasa a convertirse en una ciudad relicario. Leningrado empieza a darse a la Historia. Dentro de poco será como Toledo, Valencia o Brujas. Una ciudad muerta.

Los bolcheviques no se han atrevido a tocarlo; hasta la estatua de Pedro el Grande continúa en su puesto. Se han limitado a cambiar los rótulos: Leningrado en vez de Petrogrado, Detscoeselo (ciudad de los niños) en lugar de Tsarcoeselo (ciudad del zar), Avenida del Veinticinco de Octubre en vez de Perspectiva Nevsky, etc., etc.

Después de cambiarle los rótulos, los bolcheviques se han ido a Moscú. Desde allí, los *leaders* del comunismo lanzan sus discursos de propaganda, que unos potentes altavoces de radio colocados en lo alto de la catedral de San Isaac dejan caer día y noche sobre la ciudad desierta. No importa que los barrios populares de Leningrado estén rebosantes de una muchedumbre trabajadora, ni que el enjambre burocrático de los soviets haya tomado posesión de los palacios de los grandes duques. La ciudad de Pedro era, sobre todo, la ciudad aristocrática; era, más que nada, la corte, el zarismo, los diplomáticos, los generales, los príncipes, los millonarios, y la imponente legión de sus servidores. Extirpado todo esto, Leningrado da una impresión neta de caja vacía, de casa desalquilada.

La vida, que ha huido de las arterias aristocráticas, bulle, sin embargo, en los barrios populares. En los viejos rincones revolucionarios hay todavía, como en tiempos del zarismo, un hervor de protesta. Trotsky tiene aquí, en Leningrado, sus más fieles partidarios; los núcleos más activos del trotskismo se han refugiado aquí, y desde aquí desarrollan clandestinamente su propaganda política contra el Gobierno de Moscú. Me dicen que, oculta en estas barreduelas de los suburbios funciona, a despecho de la GPU, más de una imprenta clandestina que hace llegar a toda Rusia la opinión adversa del desterrado Trotsky ante cada uno de los actos del Gobierno de Stalin.

La Policía vigila como en los tiempos del zarismo. Cuando he querido visitar a un antiguo conocido, caracterizado trotskista, han recomendado:

—Procure esquivar a la GPU si quiere verle. Está muy vigilado y no le conviene a usted que le vean con él. Le ocasionaría molestias.

Y me han señalado en un plano la casa en que habita y me han trazado un itinerario del interior de la casa para que llegue hasta su misma habitación sin preguntar a nadie. En el portal de la casa del individuo en cuestión, había, efectivamente, de guardia, un tipo sospechoso. He procurado cogerle las vueltas·y meterme escaleras arriba sin ser visto.

Leningrado conserva todavía la emoción de la clandestinidad revolucionaria.

El invierno se echa encima y pronto estará cerrado el aeropuerto de Leningrado. Hay que emprender el regreso sin demora.

Se hace la travesía de Leningrado a Reval en un pequeño hidroavión Junkers de dos plazas. En este tiempo ya se han acabado por estas alturas el sol y el paisaje. Navegamos envueltos en el algodón de esta niebla, que sólo muy de tarde en tarde se rasga un momento para dejarnos ver la masa negra de la costa o la lámina verde del mar.

Desde Reval a Riga el avión no encuentra un resquicio para esquivar esta masa de vapor de agua que va hendiendo. No se tiene en todo el viaje un punto de referencia. El altímetro, la brújula y las indicaciones del radiotelegrafista van guiando al piloto hacia el aeródromo.

Yo pienso: ¿Si ocurriese ahora una *panne*, dónde aterrizaríamos? ¿En los tejados de una ciudad, en la cresta de una montaña, en el mar o en la copa de un pino?

Súbitamente, en la concavidad gris del espacio brilla una lucecita azul que, como una estrella errante, describe su graciosa parábola. El piloto la ha visto y vira hacia el sitio de donde partió. Otra estrellita se levanta desde el mismo punto del espacio, y al llegar a lo alto se desgrana en lucecitas de colores; después otra y otra. Hemos llegado a Riga. Para que lo sepamos, a través de las espesas cortinas de la niebla, el jefe del aeródromo, puesto en mitad del campo, lanza con un enorme pistolón esas bengalas de colores que indican al piloto dónde está la tierra, que él no puede ver hasta que no se ha posado sobre ella.

Cuando he regresado a Alemania, después de mi viaje por Rusia, ha venido a verme una dama de la antigua aristocracia moscovita que hoy vive penosamente en Berlín. Quería que yo le hablase de la situación actual de Rusia, de cómo se desenvuelve la vida de Moscú, de las transformaciones operadas en la ciudad, y más que nada en los palacios, los parques, los teatros y los salones en los que se deslizó su juventud.

Empezó esta dama diciéndome que no tenía ninguna esperanza de poder volver a Rusia —la vida ha sido bastante dura con ella en los diez últimos años, y tiene que agarrarse heroicamente a la realidad—; pero yo tengo la convicción de que me buscaba, como busca a todo el que vuelve de Moscú, con la ilusión de hallar un apoyo a su esperanza. La pregunta que esta pobre señora no se atreve a hacer es la de: ¿cuándo cae el régimen bolchevique? ¿Falta mucho todavía?

Me ha parecido lo más piadoso decirle rotundamente la verdad. El régimen soviético podrá sufrir todas las alternativas que determinen las circunstancias, tendrá que hacer concesiones, gastará a sus hombres, se modificará cuanto sea preciso, pero como tal régimen, está definitivamente consolidado. Después de diez años de experiencia comunista no será posible en Rusia ningún otro Gobierno.

—¡Pero, si ellos mismos —me dice esta dama— se acusan unos a otros de «thermidorianos» y contrarrevolucionarios! ¡Si son ellos, precisamente ellos los que dicen a cada momento que la obra de la revolución está en inminente peligro! No son agentes capitalistas, sino los jefes bolcheviques los que anuncian el desastroso fin del régimen. Yo he leído algunas de las cartas que clandestinamente envía Trotsky a sus partidarios desde el destierro. Bien claro dice que se está llegando al final de la liquidación. Lea usted los mismos discursos de los *leaders* de la situación. Todos dan la impresión de una inminente catástrofe…

—No pueden tomarse al pie de la letra —le he contestado— esos gritos de alarma de los bolcheviques, que para ir desarrollando su programa tienen que amenazar todos los días con que la revolución está en peligro. Es el gran truco del Gobierno de Moscú. Piense usted, además, que el comunista tiene la «pose» de la sinceridad, y que, contra lo que se cree, el comunismo no ha ocultado nunca nada de la situación de Rusia. Al contrario, ha exagerado siempre los peligros, porque esta de la alarma ha sido siempre su política. No olvide usted que toda dictadura vive un poco del mantenimiento de un estado de alarma en el país sobre el que actúa.

Diez años de régimen comunista han creado en Rusia un sentido comunista de la existencia que imposibilita toda vuelta al régimen burgués. Ya no es posible.

—Yo no creo en eso del sentido comunista de la existencia. El pueblo ruso es el más apegado a sus tradiciones. Los bolcheviques no conseguirán arrancarle nunca sus viejas virtudes. A mí me consta que todavía en alguna de mis antiguas posesiones del Cáucaso los campesinos rezan primero por el zar y después por mí. Mire usted: aún recibo yo cartas de una de mis viejas criadas. Es una pobre mujer nacida en la sombra de nuestra familia que no sabrá nunca volverse contra nosotros, sus amos. Esta mujer está casada con un revolucionario y tiene un hijo que es agente de la GPU. Creo que tanto el marido como el hijo me fusilarían sin ningún escrúpulo; sin embargo, ella a escondidas, me escribe todavía como a su natural señora, doliéndose de los crímenes que se han cometido con nosotros, consolándome, dándome esperanza para el porvenir... No toda Rusia es comunista.

Indudablemente. El comunismo es una insignificante minoría. No llega a un millón de afiliados en un país de ciento cincuenta millones de habitantes. Pero su fuerza es indestructible. El millón de comunistas es el millón de personas que hay en Rusia; el resto es ganado.

No tiene nada de extraño que esa pobre vieja, nacida y criada en la servidumbre, sea fiel hasta la muerte a sus señores. Ella no concibe la vida comunista, como su hijo no concibe la vida anterior. Han pasado diez años. Hay ya una generación, la que tiene en sus manos el porvenir de Rusia, que se ha educado en el nuevo régimen. En los momentos más difíciles de la revolución, Lenin, haciendo concesiones a la burguesía, claudicando ante el *kulak* y el *nepman*, a los que se veía forzado a dar vida, sonreía diciendo: «Si me dejan a la juventud en mis manos durante diez años, yo haré imposible toda reacción».

Así ha sido. La gran revolución comunista no ha sido sólo una revolución política, social y económica: ha sido una revolución moral. Podrán perderse mañana todas las conquistas políticas y económicas de la revolución. Para reconquistarlas, para asegurar la continuidad de la obra revolucionaria y garantizar que no se volverá nunca al régimen anterior, existe una juventud comunista, con una moral comunista, una juventud que ha sido sometida desde la infancia a la acción catequista más formidable del mundo.

Hoy, en Rusia, el padre es burgués, la madre religiosa y el hijo comunista. Diez años más y automáticamente toda Rusia será comunista. Las nuevas generaciones que cada año salen del Konsomol han estado sometidas a un tratamiento moral que no deja resquicio a ninguna esperanza.

La verdad es que, apenas he salido de Rusia y he puesto el pie en una ciudad alemana, he tenido una clara sensación de alivio; he sentido que se me ensanchaban los pulmones y que respiraba otra vez con plena libertad. La dictadura del proletariado se me representa ahora como un estado patológico, como una obsesión o una pesadilla. No quiero escamotear esa sensación física que refleja exactamente la reacción del espíritu burgués frente a la presión proletaria.

Pero no quiero tampoco dejarme arrastrar por esta impresión puramente subjetiva de pequeño burgués o intelectual que se siente excluido o, mejor dicho, perseguido por la clase social dominante hoy en Rusia.

El régimen bolchevique no deja lugar a dudas sobre su naturaleza, finalidad y procedimientos. El burgués o intelectual que va a Rusia con la mejor voluntad de comprender y amar, lleno de fervor revolucionario, saturado de literatura mujikista y de humanitarismo, se encuentra con un estado de opinión hostil a todo lo que le es más querido, cogido por una disciplina de clase estrecha, implacable, falta de humanidad y de inteligencia. Nada de humanitarismo ni de sensiblería; nada de literatura, Tolstoi es un pobre santón, un viejo tonto, con unas barbazas que sólo sirven para el reclamo. Dostoievski, un cochino literato lleno de taras fisiológicas y de prejuicios burgueses.

Nada de Democracia, ni de Derechos del Hombre, ni de Libertad. La pregunta de Lenin: «¿Para qué sirve la libertad?», se la tiran a uno a la cara tan pronto como formula una leve objeción a la dictadura. En la Rusia bolchevique no hay más que la tiranía de una clase social sobre las otras, y dominándolo todo, los instrumentos de esta tiranía: el Ejército Rojo y la Policía política, la GPU.

En lontananza, como idea inasequible por ahora, el ideario comunista; el reparto equitativo de la riqueza mediante la supresión del capitalismo; la desaparición paulatina del Estado y el lema de «a cada uno según sus necesidades; de cada uno según su aptitud».

Después de mi viaje a Rusia, yo me explico el furor contrarrevolucionario de mucha gente inteligente, que ha tenido la ocasión de conocer de cerca la dictadura del proletariado. Me lo explico, pero no puedo compartirlo.

Aun reconociendo que los procedimientos de represión empleados por la dictadura del proletariado son idénticos —más feroces si cabe— que los de todas las dictaduras, me repugna equiparar el Gobierno soviético a cualquier Gobierno dictatorial de los países burgueses. Hay una diferencia sustancial que olvidan los demócratas de pura sangre, muy aferrados a la idea de esta absoluta identidad entre las dictaduras: la motivación.

La dictadura del proletariado imperante hoy en Rusia no es un hecho esporádico determinado por la arbitrariedad y la exaltación de un poder personal. Estaba ya prevista por Carlos Marx como una de las etapas obligadas para la transformación de la sociedad capitalista hacia el régimen comunista.

El problema que se plantea al hombre que quiere fijar su posición honradamente ante el gran hecho ruso es el de si hay algún momento en el desarrollo de la sociedad moderna que permita o aconseje la implantación de una dictadura. Los que aceptan y justifican la dictadura por cualquier causa no pueden negar el derecho del proletariado a imponer sus convicciones por la fuerza a toda la masa del país, porque si alguna vez la fuerza se ha esgrimido en nombre de un ideal excelso, ha sido precisamente ahora.

Pero aquellos a quienes repugnan los poderes dictatoriales y sienten una coacción moral que les veda el empleo de la fuerza para decidir los destinos de un pueblo, esos sí pueden honradamente combatir a los bolcheviques, echarles en cara sus crímenes, acusarles de haber desatado todas las catástrofes y oponer a la feroz dictadura del proletariado una concepción más humana del progreso de la sociedad.

El demócrata, el hombre liberal, el localista, el humanitarista, en fin, ¿pueden aceptar ese colapso de sus ideales que se llama dictadura del proletariado como etapa obligada de la lucha de clases para el advenimiento de una sociedad mejor? En síntesis: ¿El amor hacia el pueblo debe llevar hasta el extremo de sacrificarlo?

O, utilizando las grandes palabras míticas: ¿Para la redención hay que pasar por la crucifixión?

Una nación adolescente

Otra vez en el aeródromo de Tempelhof, camino esta vez de Checoslovaquia. Vamos a ver ahora limpiamente cómo a medida que el avión avanza va borrándose la huella que ha impreso en el paisaje el imperialismo germánico. Volamos, primero, sobre el corazón de Prusia; todo el paisaje, los bosques, las carreteras tiradas a cordel, las vías férreas, los centros industriales —manchas echadas sobre el campo— que ofenden al cielo con sus humos, todo está tomado por un espíritu de concentración de fuerza, de exuberancia, de congestión, que no puede ser más que espíritu imperialista. El aeródromo de Halle-Leipzig es el más moderno del mundo; la estación de Leipzig, la más grande del mundo también… Casas grandes y sólidas, tejados agudos, calles amplias, campos bien parcelados, pequeños como pañuelos, con vallas pintadas de verde, todo muy aprovechado, medido, pintado y barnizado.

Después, Dresde, con sus grandes edificios rojos, amarillos, azules. Dresde, tiene un pigmento especial, una coloración sui géneris; está impregnado de una anilina de tono radiante.

Pero, a partir de Dresde, la anilina alemana va destiñéndose, borrándose. En el paisaje empieza a predominar el elemento natural. A lo largo de muchos kilómetros, luchan por la posesión del campo el imperialismo germánico y esta gran fuerza étnica y ancestral de los checos. Hay una clara dualidad de influencias. Todo tiene una doble dirección —hacia dentro y hacia fuera— y hasta una doble denominación —Bodenbach, germánico; Podmokly, checo; Aussig, alemán; Usti, checo—, que hace más patente y melodramática la lucha que se está desarrollando en esta coyuntura de la Europa oriental y la Europa occidental.

Poco a poco, los campos son más grandes, las parcelas más desiguales y los caminitos más torcidos. La anilina germánica va siendo sustituida por el «color local». Localismo en vez de imperialismo. A medida que el avión penetra en el macizo de Bohemia va notándose cada vez más la rebeldía del paisaje. Ya en Praga, el panorama espiritual ha cambiado por completo. Aldeanos con trajes de colores, siglo XVI, arqueología, etnografía.

Y unos camareros de frac que hablan francés.

Muy de mañana, he abierto esta ventana grande y apaisada de mi cuarto de hotel y me he encarado con el panorama de los tejados de Praga. Sobre la lámina gris plata del espacio se recortan, escalonadas, las negras siluetas de los tejados de pizarra que cubren graciosa y confortablemente la ciudad con sus buhardillas, sus torreones, sus agujas y sus veletas. Lo mejor de Praga es la cobertura, el remate, la teoría de tejados de estas casas grandes, monumentales, de amplios patios silenciosos y larguísimas crujías, con muros de piedra bien trabajada, piedra envejecida sin revocos, curada al humo y a la niebla. Por entre estas casas, que dan una sensación de fuerza indestructible, se va caminando a lo largo de unas callecitas estrechas y enrevesadas hasta dar en una gran plaza con soportales, idéntica a la plaza mayor de cualquier ciudad castellana. En los soportales de estas plazas tienen dos pañeros sus tiendecitas repletas de tejidos aldeanos de vivos colores, de mantas que bien pudieran ser zamoranas y palentinas y de pañolones rameados para la cabeza de las campesinas. A esta hora temprana, la plaza y sus aledaños están ocupados por una muchedumbre abigarrada de campesinos, provincianos y pequeños comerciantes de todas las razas, checos, eslovacos, alemanes, madgyares, ruthenos, judíos y polacos, que discuten y regatean cada cual en su lengua, todos pobres, todos laboriosos, todos buenos ciudadanos.

En el costado de una torre, un historiado reloj de sol trazado en piedra hace varios siglos. Sobre la valla de un solar, unas litografías gigantescas que anuncian las funciones de un magnífico circo provisto de todas las fieras.

La Europa occidental tiene cierta ternura por Checoslovaquia. El ciudadano de esta joven república de honrados profesores encuentra en todas partes una asistencia y una simpatía excepcionales. Es con lo menos que se le puede pagar.

La independencia checoslovaca fue el más eficaz quebrantamiento del imperialismo germánico que amenazaba a Europa. Su occidentalización, la vuelta de cara de sus profesores hacia París, Londres, Ginebra y Bruselas, al ver antes que nadie en aquellos momentos que no era cierto lo de que la luz venía de Oriente, fue la gran barrera puesta al siniestro del bolchevismo. Bien pueden estar agradecidas las potencias occidentales a esta pequeña república democrática inventada por unos profesores de buena voluntad, a base de unos estrechos nacionalismos y de un irredentismo rencoroso y cerril. No se puede tener demasiada simpatía por ningún movimiento nacionalista, pero aquí, en Checoslovaquia, el ímpetu del nacionalismo checo está contrapesado por las minorías nacionales, que a su vez se contienen unas a otras, dando este feliz resultado de un estado democrático, liberal, culto y europeo, a pesar de que en el fondo no hay más que unos fermentos nacionalistas, unas primitivas e inciviles diferencias étnicas.

Por esta obra inteligente, Checoslovaquia se ha ganado la consideración y el cariño de Europa. Se encontró súbitamente a caballo en el lomo que partía las dos vertientes del porvenir europeo, el Occidente en decadencia y el Oriente, de donde se creía entonces que venía la salvación, y supo resolver certeramente, sin prescindir de nada sin estrangular nada, quedándose en una situación de equilibrio inestable que permite la convivencia de los tres millones de alemanes que hay en su territorio con una obra intensa de desgermanización y sostiene con procedimientos democráticos la lucha a brazo partido con el partido comunista más fuerte de toda Europa. Esta situación engendra una constante inquietud, una tensión perenne del espíritu ciudadano, que es, en definitiva, lo que más favorece el desenvolvimiento de las fuerzas nacionales. ¡Cuán lejos se está aquí de esa calma y ese silencio de muerte que imponen las dictaduras!

Un cabaret en Praga es un saloncito con cierto aire de intimidad, donde unos caballeros corteses se inclinan ceremoniosamente para besar la mano a unas damitas vestidas con unos trajes negros abiertos por la espalda hasta la cintura. Todo muy distinguido y un poco *demodé*.

Ante una mesita donde el champán alterna sin desdoro con una sustanciosa sopa nacional de fuerte sabor aldeano, un joven diplomático checo me habla fervorosamente de su país; con ese fervor patriótico que el español inteligente no sabe sentir.

Habla este hombre largamente, persuasivamente, saliendo rápido al paso de todas las objeciones, saltando ágil de unos temas a otros para dar de su país una impresión de país bien trabado, de actividades ensambladas, puesto certeramente en ruta. Praga es una ciudad histórica poblada de templos y palacios, pero no es una ciudad que pertenezca al pasado, no es una de esas ciudades definitivamente clausuradas que se encuentran en Italia y en España. Hay que ver en Praga los monumentos arqueológicos y las nuevas barriadas de casas para obreros. Tanto interés tienen unos como otros. El pueblo checo es liberal, tolerante y sin prejuicios religiosos. En la joven literatura checa, se advierte ahora, sin embargo, un renacimiento religioso, un misticismo de última hora que quiere imponerse al sencillo y saludable materialismo del pueblo. La desgermanización ha favorecido el desenvolvimiento de las industrias alemanas en

Checoslovaquia. El impulso nacionalista no excluye la solidaridad y la comunidad de interés con los pueblos vecinos. Frente al *Anschluss* austroalemán, Checoslovaquia postula la unión económica de todos los pueblos de la antigua monarquía austrohúngara sin daño de su independencia política.

No hay que creer, sin embargo, que por virtud de esta política prudente Checoslovaquia haya conseguido una vida próspera y sosegada. La joven república tropieza con grandes dificultades económicas y sociales. Su moneda es una de las más bajas de Europa, y su contingente de emigración, enorme.

Pero la emigración en el pueblo checo no es un daño irreparable, como en España e Italia. El checo ha emigrado siempre, es aventurero y trotamundos de condición, pero no rompe nunca el nexo con la patria.

—Nos vamos por ahí —me dice mi amigo el diplomático— simplemente por ansia de ver mundo. No hay un rincón del planeta adonde no haya un checo. Entre nosotros se dice que cuando Colón descubrió América, con el primero con quien se topó fue con un checo que ya estaba allí. Esta comezón aventurera no es extraña. ¡Estamos tan lejos del mar!

En el saloncito del cabaret entra en este momento una muchachita vestida con una guerrera de dril y calzada con unos zapatones claveteados, que va de mesa en mesa vendiendo unas postales en las que nos informa de que tiene diecisiete años y se dispone a dar la vuelta al mundo a pie y sin dinero. Toda Europa está llena de estos *globetroters* checoslovacos. Pero si en el resto del mundo estos simpáticos aventureros están considerados simplemente como mendigos extravagantes, en Checoslovaquia, patria de los trotamundos, se les considera y halaga como a héroes nacionales.

Hablando de este afán aventurero de los checos, mi amigo exalta las ventajas de la enseñanza plurilingüe que se da a los chicos en todo el país. El ciudadano checoslovaco ha de aprender, si quiere colocarse en disposición apta para ganarse la vida, el checo, el eslovaco —eslovaco vulgar y eslovaco literario— y el alemán; aprende, además, con gran frecuencia, otra gran lengua europea: el inglés o el francés. En los últimos tiempos, el francés es familiar incluso para las masas populares. Y, finalmente, en Praga hay ahora un grupito de gente que se dedica a aprender y enseñar español.

—Nosotros los checos —me decían— tenemos un gran interés por España. Somos una nación que ha nacido hace diez años y precisamente por esto sentimos una irresistible atracción hacia las viejas naciones de glorioso pasado. En Praga hay un núcleo considerable de españolistas fervientes. No saben ustedes cuánto hacemos aquí por difundir el conocimiento y el amor hacia la cultura española. Lástima que España no nos haga mucho caso. Nosotros nos lo explicamos, claro; ustedes, españoles, no sienten esta ansia de asimilación y expansión que siente nuestro pueblo, nacido ayer.

El origen de este movimiento españolista que se advierte en ciertos núcleos intelectuales de Praga es curioso y de un sabor romántico poco frecuente.

En 1916, cuando la guerra europea estaba en su periodo culminante y las nacionalidades ensartadas en la doble monarquía austrohúngara se debatían entre los horrores de la guerra y de la revolución naciente, un grupo de intelectuales de Praga, asqueados de la horrible matanza que se desarrollaba en torno de ellos, aprisionados por aquel cinturón de odios que la guerra les ponía, buscaron un refugio espiritual, una zona neutra que les sirviera de descanso en el batallar de las filias y las fobias en que se veían, contra su voluntad, metidos. Entonces pensaron en España.

Hablar de España, conocer su historia, estudiar su cultura, aprender su idioma era para ellos un oasis; un término de conciliación entre aquellos hombres cogidos en el foco de una lucha feroz. Así nació el Círculo Español de Praga.

No era por entonces más que una tertulia ante una mesa de un café; de cuantas personas formaban esta tertulia sólo una, el doctor Jaroslav Lenz, había estado en España y sabía hablar español. Pero poco a poco, con un amor romántico por nuestra patria que nosotros no comprenderemos nunca, aquellos buenos hombres fueron interesándose por las cosas españolas y aprendiendo nuestro idioma. La guerra, que los rodeaba como una muralla de fuego, los tenía privados de toda comunicación con el mundo, y de la España de la que ellos hablaban entusiásticamente, no les llegaba jamás ni un rumor. Se habían enamorado de España como podían haberse enamorado de la luna.

Por entonces, no había en Praga ningún español. Los españolistas estaban deseando encontrar un testimonio vivo de la España de sus amores.

Un día supieron, con gran alborozo, que en Praga había un español. Era un antiguo domador de leones que se había casado con una checa y vivía retirado de la profesión. Desde hacía varios años, residía en Praga con su mujer y varios hijos.

Los españolistas buscaron a este ejemplar único de español, dieron al fin con él y lo llevaron poco menos que en triunfo a su tertulia. Pero su decepción fue dolorosísima.

Este español, el único que había en Praga, hablaba un idioma casi ininteligible para ellos, y no había oído en su vida hablar de Cervantes, ni del *Quijote*. Estuvieron por creer que se trataba de un español apócrifo.

Pero no; se trataba, por desgracia, de un español de lo más auténtico que puede darse. Lo que ocurría era que el domador de leones era un andaluz que no hablaba más que el macareno más castizo. Había salido de Sevilla a los quince años y jamás había tenido ocasión, en sus correrías por el mundo, de trabar conocimiento con el hidalgo de la Mancha.

Los españolistas de Praga, avergonzados de que este español no hubiese leído el *Quijote,* se lo están haciendo leer ahora. Y el hombre parece que lo encuentra bastante divertido.

En cuanto se pasa de Francia, el español empieza a ser una rareza, un tipo exótico casi desconocido. En cada ciudad importante de Centroeuropa hay, sin embargo, por lo menos un español; se trata siempre de un catalán o un valenciano que tiene una tienda de vinos en la que vende unos líquidos coloreados y explosivos a los que cuelga arbitrariamente unas etiquetas con los colores nacionales que dicen «Jerez», «Málaga», «Manzanilla», «Solera». Estos españoles suelen ser todos desertores del ejército o gente que ha tenido «una mala hora» y no quiere cuentas con escribanos y alguaciles castellanos. Pero son, eso sí, unos fervientes patriotas. El retrato del rey, y ahora el del general Primo de Rivera presiden, invariablemente, sus comercios.

En Praga hay también un español de éstos; los españolistas del Círculo, gente, como hemos dicho, de buena fe, visitan el establecimiento de vinos de este español y se beben sin chistar aquellos líquidos explosivos disimulados detrás de las patrióticas y monárquicas etiquetas.

Tampoco este español de Praga es hombre muy familiarizado con la cultura de su patria. Tiene, sin embargo, ciertos pujos literarios. Un poco avergonzado, un checo, que escribe correctísimamente el español, me ha mostrado unos versos escritos «en castellano» por mi compatriota. Son unos versos en los que el tabernero canta las excelencias del vino. No resisto a la tentación de copiarlos, respetando su pintoresca ortografía. Dicen así:

> Es Dios que inventó el vino
> por su natural Concencia
> que para hir a la Gloria
> beber el Vino Valencia.
>
> El Vino es Medesina
> que ceproduce en la Tierra
> convate toda Malaria
> organe la Convelencia.
>
> El Vino alarga la Vida
> por ser una Alimencia
> i provar Beber solo Vino
> ivereis la Diferiencia.

Todo esto es muy divertido, pero un poco triste también. Yo —que, afortunadamente, no tengo nada de patriota— he sentido rubor cuando aquel checo, que ha aprendido en su patria el castellano sólo para conocer nuestra Literatura, se dolía de que los hijos de los españoles residentes en Praga no sepan ninguno la lengua de su padre.

Me hicieron asistir a la toma de posesión por el Círculo Españolista de tres magníficas salas cedidas por el Estado checo para la instalación en ellas de un Instituto iberoamericano, que ya ha empezado a funcionar. Y digo que me hicieron asistir porque de buena gana hubiese eludido mi presencia de un lugar donde se está pregonando la ingratitud y la incapacidad de los españoles.

Tan convencidos están ya los españolistas checos de que nada tienen que esperar de España, que cuando les ofrecí hablar en mi patria de lo que ellos venían haciendo desinteresadamente, me contestaron:

—Usted no hará nada tampoco. Ya estamos acostumbrados a que los españoles que pasan por Praga nos ofrezcan su adhesión fervorosa para todo y luego no vuelvan a acordarse de nosotros. España no nos quiere; no le interesamos. Seguramente la vieja amistad de España con el Imperio y los lazos de sangre que unen a la corte española con la monarquía austríaca hacen que se nos mire, si no con malos ojos, por lo menos con una absoluta indiferencia. Ya ve usted: sólo hemos pedido que nos envíen un lector de español y no hemos podido conseguirlo...

La cabeza parlante o el verdadero monstruo de las barracas del Prater

Salimos de Praga a las siete de la mañana. Ya a esta hora la ciudad está despierta, ágil, nerviosa, las calles pobladas de transeúntes, los comercios abiertos. Praga es una de las ciudades de Europa que se levanta más temprano. En marcha hacia el aeródromo, damos un último paseo por la ciudad. Dejamos atrás el Moldava, con sus márgenes cubiertas de verdor, en las que se han trazado deliciosos parquecillos, y poco a poco nos vamos metiendo en la zona fabril de la ciudad. Aquí, el panorama es radicalmente distinto. Otra vez la influencia germánica. Grandes fábricas, colosales chimeneas, barriadas obreras tiradas a cordel. La zona industrial de Praga es el reducto de los alemanes. Pasado este cinturón de hierro y humo, donde se desarrolla la gran lucha del capitalismo industrial y el comunismo, llegamos al campo checo, esta campiña tan pintoresca, tan iluminada, tan de estampa. En el aeródromo de Kbely subimos al avión que ha de llevarnos a Bratislava, en la frontera austríaca. El panorama de las provincias checas responde exactamente a su exponente de la ciudad de Praga. Anchos campos de labor, campesinos laboriosos, trajes pintorescos, costumbres ancestrales, mucho *folklore*, grandes barbas, grandes pipas, pueblecitos que se estructuran a la manera medieval y ciudades ricas en testimonios arqueológicos. Así Brno, así Bratislava.

Un poco más allá de Bratislava todavía estamos volando sobre territorio checo; un aletazo más y estamos en Viena. No en Austria; literalmente en Viena. No hemos podido ver el paisaje austríaco.

Entrando por este lado, se tiene la impresión de que toda Austria es su capital; toda Austria es ciudad.

A poco de atravesar la frontera, se divisan desde el avión, sucesivamente, los tres deltas del Danubio. Toda la campiña tiene un aspecto de suburbio, de afueras de una gran ciudad. Tomamos tierra en el aeródromo de Aspern, un poco más arriba del Viejo Danubio. La germanización vuelve a ser ostensible; se mete por los ojos apenas se baja de la cabina del avión. Todo vuelve a estar pintado y barnizado a la alemana. Los aviones vuelven a ser exclusivamente alemanes. Salen frecuentemente los correos aéreos para Múnich y Berlín, van dando un rodeo para evitar el territorio checoslovaco, esta cuña metida por la paz de Versalles en el corazón de Germania.

Por la Praterstrasse y el muelle de Francisco José, llegamos hasta el corazón de Viena. En un rinconcito de la Stephansplatz hay un restaurante amable; un frondoso emparrado deja caer una grata luz verde sobre los manteles donde brilla la plata vienesa de los cubiertos y la cristalería de Bohemia. Allí, bajo la sombra graciosa de la catedral de San Esteban, vuelve a tomarse el gusto a la buena vida, a la vida amable de la gran ciudad imperial, que lo ha perdido todo menos este señoreo de sí misma, este goce sensual de la existencia que Praga, por ejemplo, la vieja capital de provincia, no sabrá sentir jamás.

Las últimas investigaciones de la Academia de Ciencias de Moscú han demostrado que una cabeza separada del tronco puede seguir viviendo durante algún tiempo mediante un sistema artificial de circulación de la sangre. Ahora, volando sobre Viena, me asalta la impresión de que estoy comprobando la verdad de esa afirmación científica; una cabeza privada del cuerpo puede seguir viviendo.

Viena, mientras volamos sobre ella, se nos antoja como una cabeza cortada que sigue moviendo los ojos y la boca mientras el verdugo la enseña al pueblo cogida por los cabellos. De un momento a otro cesarán estos movimientos del sistema nervioso central, y esta magnífica testa de magnate decapitado que es Viena se acabará para siempre.

Pero la cirugía de los pueblos tiene muchas más posibilidades que la cirugía de los individuos. A esta cabeza cortada se le está buscando un cuerpo. Éste es el empeño de los defensores del *Anschluss*, la anexión de Viena a Alemania.

Viena da la impresión de estar deseando fervientemente unirse a alguien. Pero, no obstante, el fatalismo de la influencia alemana, las preferencias espirituales de los vieneses no son para Alemania, sino para Inglaterra. Austria es hoy una colonia espiritual de Inglaterra. Basta penetrar en un hogar austríaco para comprobar la realidad de esta reverencia por el espíritu británico.

Ahora, al término de mi viaje, pienso en lo conveniente que sería divulgar el mapa espiritual de la Europa contemporánea llevándolo hasta las paredes de las escuelas de primera enseñanza. Un mapa en el que apareciesen, señaladas por masas de colores diferentes, no las diversas naciones según las fronteras de sus estados, sino las distintas comunidades espirituales. Se vería en este mapa que Francia, por ejemplo, que ha ensanchado considerablemente su territorio nacional después de la guerra, es la nación que más tierra espiritual ha perdido. Toda Rusia, que antes de 1914 tenía en el mapa espiritual de los pueblos europeos el color de Francia, tiene hoy el color de Alemania. Alemania ha conquistado a Rusia. He tenido la paciencia de ir preguntando a todo el mundo durante el tiempo que he estado en la URSS qué nación era la que más admiraban, y de cada diez ciudadanos soviéticos interrogados, ocho respondían que Alemania y dos que los Estados Unidos.

Francia, en cambio, ha ganado Checoslovaquia; Inglaterra proyecta sobre el exiguo territorio austríaco el color verde botella con que en los mapas suelen estar marcadas sus islas, e Italia extiende la tinta negra de su fascismo por el Oriente europeo.

Habría que hacer seriamente este mapa de la espiritualidad europea contemporánea.

Viena es inexplicable. Uno se pasea por las grandes avenidas de Viena un poco asustado. A pesar de la grandeza de los palacios, de la escrupulosa municipalización de los comercios suntuosos, la vida cara, las frivolidades, las joyas, las sedas, las mujeres, se advierte en seguida que todo aquello se mantiene milagrosamente, acaso por la inercia, quién sabe a costa de qué íntimas catástrofes. Uno no está muy seguro de que el chófer que le lleva en su taxi no vaya a desmayarse de inanición, ni de que esta señorita vienesa que luce su toaleta fastuosa por la Kärntner Strasse o la Opernring no tenga a su madre implorando la caridad pública a la puerta de cualquier templo católico.

En el Prater hay todas las tardes unos millares de ciudadanos que llenan alegremente los cinematógrafos, las montañas rusas, los carruseles, los columpios, las barcas del lago, las barracas de los fenómenos, las cien diversiones que han hecho del Prater la feria más famosa del mundo. Pero la pregunta sigue siendo, angustiosa: ¿De qué vive toda esta gente?

Viena es, hoy día, la ciudad más confusa de Europa. No hay modo de explicarse lógicamente sus contradicciones, su apariencia fastuosa y su miseria íntima, sus palacios, sus museos, sus porcelanas y su orfebrería al lado de estas gentes mal alimentadas y estas muchachitas graciosas con las piernas desnudas porque no hay medias. Viena católica, socialista, fascista. Viena ciudad imperial y mendicante es hoy el gran enigma de Europa.

El tono de Viena no se explica más que al pensar que es una ciudad que está viviendo a costa del pasado. Viena tiene, efectivamente, un ritmo viejo, un ritmo que ya no se usa. En sus cabarets se bailan valses vieneses todavía, aunque instrumentados por los *jazz-bands*. En las películas vienesas hay aún unas muchachitas ligeras de cascos que se enamoran fácilmente de unos apuestos oficiales; en general, el amor conserva aquí aquella espiritualidad artificiosa, aquel tono frívolo y sentimental de antes de la guerra que ya no se encuentra ni en París ni en Berlín. Donde las cosas tienen hoy una dureza y una netitud implacables.

La vida galante de Viena conserva, estilizado, el ritmo de la opereta. Europa se americaniza, se charlestoniza. Los negros han tomado París, y Berlín es una colonia yanqui. Viena es lo único europeo que queda en Europa. Mientras las chicas berlinesas juegan terribles partidos de fútbol o reman hasta destrozarse las manos en las piraguas del Wannsee y las parisinas rinden pleitesía a Josefina Baker y a las *troupes* de *girls* norteamericanas, las muchachitas vienesas siguen llevando el «tempo lento» y ceremonioso de la frivolidad europea, aquellas buenas maneras de la cortesanía, aquel artificio sentimental que hacía aparecer a las mujeres como joyas fragilísimas, protegidas por costosos estuches de sedas y pieles. Frente a la desnudez centroafricana de una negra con unos plátanos colgados de la cintura que triunfa en París y el sucinto traje de baño de las norteamericanas que han adoptado como uniforme las muchachas deportivas de Alemania, estas madamitas vienesas arrebujadas en sedas, con sus coqueterías y sus resabios vagamente sentimentales, son la supervivencia del viejo sentido europeo del amor. Esto explica aquel ruidoso fracaso de Josefina Baker en Viena, donde estuvo a punto de ser linchada por la multitud.

Y es que Viena y sus muchachitas es una de las pocas cosas que nos van quedando del viejo espíritu europeo después del tirón hacia la selva que nos están dando los americanos.

Salimos del aeródromo de Viena en dirección a Venecia con un día de viento y niebla nada grato, sobre todo al pensar que habíamos de atravesar los Alpes. Pero la aviación comercial aspira a funcionar con la misma regularidad que los servicios ferroviarios, y los fenómenos atmosféricos han sido teóricamente suprimidos. Los aviones correos vuelan a la hora fijada con viento, niebla, nieve o tempestad.

A los cincuenta kilómetros del aeródromo pasamos sobre Wiener Neustadt, el gran centro industrial atravesado por numerosas líneas ferroviarias que allí se entrecruzan, y poco después nos adentramos en la región montañosa, envuelta en una niebla espesa, que el avión perfora bravamente.

Metidos ya en el corazón de las montañas, tropezamos con una barrera infranqueable. El piloto tuerce el rumbo e intenta bordear la zona tormentosa caminando primero hacia el Norte y después hacia el Sur. Las tentativas son inútiles. Remontamos el vuelo hasta una altura de dos mil quinientos metros. Inútil también. Entonces procuramos pasar por debajo de la turbonada, y el piloto pone a prueba nuestros nervios abatiéndose hasta el fondo de los valles y trepando por la falda de las montañas para atravesarlas rozando las copas de los árboles y los picachos de las crestas. Hay un momento en el que, por un desgarrón de la niebla, asoma a poca distancia ya la ingente masa de una montaña, contra la que estamos a punto de estrellarnos.

El pugilato emprendido entre nuestra máquina y las enormes masas de vapor de agua que el viento empuja ciegamente se prolonga una hora y otra. Al fin vence el temporal, por puntos. Al avión se le han agotado las provisiones de esencia y hay que aterrizar inmediatamente. ¿Dónde? Un vallecito hondo y oscuro como el vértice de un cucurucho. Para posarse allí, el avión tiene que sortear una casita, tres árboles y un rebaño de cabras. Apenas se hunde el tren de aterrizaje en el barro, empiezan a salir de todos los rincones del valle campesinos que vienen hacia nosotros corriendo y agitando sus guadañas, sus horquillones de madera y sus hoces como una horda de cazadores salvajes a los que les hubiese caído una buena pieza.

Hemos caído a varios kilómetros de Graz, adonde nos lleva al poco tiempo un automóvil, mientras el avión se queda allí expuesto a que los campesinos se lo coman. No me extrañaría nada.

Graz es una ciudad pequeña, vieja, con muchos monumentos, muchos puentes y muchas fortalezas. En la plaza principal hay por las mañanas un mercado al que los campesinos bajan a llevar sus cántaras de leche, sus quesos y sus recentales. Graz tiene infinidad de iglesias católicas, alguna iglesia protestante y creo que hasta alguna sinagoga. Graz es la patria de Sacher-Masoch.

Hemos de quedarnos aquí hasta el día siguiente. Paseamos aburridos por las callecitas estrechas y tortuosas de esta vieja ciudad provinciana. Una hora en el patio claustral de Landhaus nos hace recordar el sentido de las viejas ciudades españolas que habíamos perdido en esta sucesión de grandes ciudades a que nos tienen sometidos las etapas del avión. Cuando ya va anocheciendo, caemos en un restaurante típicamente austríaco. Es una vasta sala de gran chimenea y techo altísimo, decorada con trofeos de caza, armas y atributos de montería. Allí se bebe copiosamente una cerveza clara y sabrosa, se fuma en grandes pipas de madera o porcelana y se comen unos formidables trozos de carne guisados con mucha manteca. No hay nada más que hacer allí.

Muy de mañana, salimos para Klagenfurt, próximo a la frontera yugoeslava, y desde allí continuamos para Venecia.

Venecia o la superstición del arte
La ruta cumplida

Contra Venecia, como contra toda ciudad excesivamente encomiada, se tiene siempre cierta prevención. Se va de mala gana, a rastras por su prestigio, refunfuñando, dispuesto uno en cada momento a sentirse defraudado. Pero, venciendo todos los prejuicios, Venecia no defrauda nunca. Es, sencillamente, maravillosa. Llegar a Venecia en avión es gozar de uno de los espectáculos más inefables que puede deparar el mundo. Antes de tomar tierra en el aeródromo del Lido, esa privilegiada lengua de tierra donde los ingleses han instalado sus balnearios, sus hoteles y sus campos de tenis —porque todo aquello es de los ingleses, los ingleses lo pagan y los ingleses lo gozan—, el avión da una vuelta por encima de Venecia, cuyo caserío es como una bandada de gaviotas posadas sobre el mar y prestas a levantar el vuelo en cualquier momento.

La vieja ciudad, tan hollada por los literatos, tan chupada por las cámaras fotográficas y tan lamida por los pinceles de todos los pintores, tiene, a pesar de todo contra toda prevención, un encanto indestructible. Verla emergiendo del mar como un nenúfar, con sus viejas piedras amarillas que le dan esa palidez enfermiza de los nenúfares, echa por tierra todo el odio que le teníamos por lo sobada, cantada, pintada y fotografiada que está.

Creo, además, que lo mejor de Venecia está aún inédito. Para mí, lo mejor de esta vieja ciudad es su contrafigura, su respaldo, el envés. No los canales y las faenadas de los palacios, sino los patios interiores, los callejoncitos y las plazoletas irregulares que han quedado en la trasera de las casas, esos ámbitos cuajados de rumores y recuerdos a los que se abren las ventanas de las alcobas llenas de misterio y penumbra de las venecianas y donde juegan tristes los niños de esta ciudad sin parques, que a veces se quedan quietos y callados mirando desde el fondo de estos pozos el cuadradito de cielo azul que allá en lo alto recortan las cornisas de estas paredes de piedra que los tienen aprisionados.

Esta Venecia interior, íntima, un poco triste y fracasada, es la que con más fuerza me atrae. Mirando estos patizuelos con sus emparrados, sus toldos y sus cortinillas discretísimas, acogido al remanso de estos ámbitos que son como cuajarones del espacio en donde vibran siempre las campanadas de estos innumerables relojes venecianos, pródigos de sus horas, sus medias horas y sus cuartos de hora, he dejado pasar mucho tiempo.

Tanto, que me he quedado sin ver muchos palacios, muchas estatuas y muchos cuadros famosos.

Si yo fuese veneciano, ya una mañana cualquiera que me hubiese levantado de la cama con mal humor, me habría ido a la plaza de San Marcos y, cogiendo por las solapas al primer imbécil de turista que me encontrase echándole de comer a las palomas, le hubiese hablado así:

—Caballero, esto que hace usted es indigno. ¿No le remuerde la conciencia? ¿No se avergüenza de estar aquí con ese aire estúpido extasiado ante la fachada de San Marcos o embobado con el Campanile? ¿Cree usted que esto es serio? ¡Venir aquí a repetir los mismos tópicos admirativos que han repetido ya todos los millones de turistas del mundo, a decir una vez y otra que todo es «interesante», «muy interesante», y a creerse de veras que su alma de cántaro se ha conmovido en presencia de las grandes obras de arte cuando hay en el mundo tantas cosas ciertas y serias que ver, que admirar y que sentir! ¿No comprende usted el daño que hace con su estúpida superstición?

»Mire usted, señor: yo soy veneciano, tengo esta desgracia. A mis antepasados se les ocurrió hacer esta ciudad insensata en una laguna. Pero, en fin, ellos sabrían por qué. Tal vez tuviesen sus razones. No; yo no les culpo a ellos. Después de todo, lo hicieron bien; ésta es la verdad. Lo intolerable, lo dramático, es que yo tenga que pagar las consecuencias. Es decir, que me las haga usted pagar a mí.

»No, no se escandalice; usted tiene la culpa. Aquí no se puede vivir; esto es una verdadera porquería. Estos maravillosos canales que emocionan a las criaturas de temperamento poético son unas verdaderas letrinas. ¿Pero es que no tiene usted narices? Huela usted, hombre; huela usted. En esta maravillosa ciudad de Venecia que emociona hasta el desmayo a las damitas inglesas y a los tenderos alemanes, nos morimos de fiebre palúdica, de tifus, de disentería. ¡Y ni siquiera se nos otorga el consuelo de figurar en las estadísticas, porque como ésta es una ciudad de turismo, no se les puede espantar a ustedes! ¿No ha sentido usted por la noche los mosquitos, esos terribles mosquitos venecianos que nos tienen comidos, que nos alancean y nos inyectan todos los gérmenes patógenos conocidos y por conocer?

»Usted, señor turista, vive en una ciudad razonable que le permite a usted cruzarla de punta a punta en unos minutos gracias al metro, los autobuses o los tranvías. Esta ciudad donde usted vive tiene un crecimiento normal, está rodeada de campos que, merced a su industria, usted va ganando y transformando en riqueza urbana, de la cual se queda usted con una buena porción en el bolsillo. ¿No es eso? Pues bien, señor; nosotros no tenemos aquí campo alguno para el desarrollo de nuestra actividad, ni siquiera manera hábil de ser activos. ¿Cree usted que es posible ir a hacer negocios, a asistir a la oficina, luchar, ser hombre diligente y rápido en la acción cuando para moverse tiene uno que acompasar el ritmo de su vida al ritmo que lleva el remo de su gondolero?

»Se entusiasma usted con el brillo de los ojos de nuestras mujeres y no ve que ese brillo es el de la fiebre, el de las tercianas que suelen tener. Su esposa de usted, señor turista, sale de paseo por los bulevares para esparcirse y tonificar sus nervios en el Tiergarten, el Bosque de Bolonia o el Retiro; la mía, caballero, tiene que quedarse encerrada en casa luchando con los mosquitos y con el mal olor, con un humor de perros, neurasténica, más loca que una cabra. Usted tiene unos niños que corretean por los jardines y los parques municipales de su ciudad; yo tengo a mis hijos, amarillos y tristes encerrados en el pozo de piedra de un patio interior. Usted puede irse a las afueras de su ciudad, llamar a Le Corbusier y hacerse la casa que se le antoje y en el sitio que le plazca. Aquí, todas las casas que era posible hacer, están hechas. Yo tengo que vivir en las habitaciones de mi bisabuelo, asomarme a los huecos que le plugo hacer en su casa a mi bisabuelo y tener un salón decorado según el gusto de mi bisabuelo. Porque ¡qué crimen no sería derribar uno de esos palacios maravillosos e incómodos para levantar en su solar una casa, vulgar y confortable!

»No me interrumpa, no; ya sé lo que va usted a decir, que usted no tiene la culpa. Sí, señor; la tiene usted. Pues si no fuera por ustedes los turistas, ¿viviríamos nosotros aquí? No; si no fuese por la codicia que despierta vuestro dinero, esta poética y maravillosa ciudad estaría desierta. Los venecianos se hubieran ido a ganarse la vida honradamente por ahí, viviendo de una manera razonable. Son ustedes con sus propinas, con sus gastos de hotel y sus compras de reproducciones y de chucherías, los que nos amarran a esta vida miserable de mendigos disimulados, de cicerones, de camareros. ¿No cree usted que ese mozo veneciano que va empujando cansadamente el remo mientras usted aprisiona el talle de una madamita sentimental a lo largo de los canales podía ganarse la vida de una manera más fácil y más limpia?

»Váyase, señor turista, váyase. Dejemos esto convertido en un museo o en una especie de relicario aislado de la vida contemporánea por una especie de vitrina espiritual. Ni usted ni nosotros tenemos nada que hacer aquí. Nosotros, porque en el mundo moderno hay otras maneras más dignas y eficaces de ganarse la vida. Usted, porque —ahora en confianza— maldita la emoción estética que esto le produce. Seamos sinceros. A usted, señor fabricante de Chicago o comerciante de París, le traen completamente sin cuidado las preocupaciones espirituales. Usted tiene muchas cosas que hacer, está absorbido por muchas preocupaciones materiales. ¿Verdad que le traen completamente sin cuidado las maravillas arquitectónicas de la catedral y la colección de lienzos del palacio de los Dux? Dejemos eso del arte para unos cuantos insensatos que no tienen dinero para venir a Venecia, y hablemos claro. Viene usted aquí únicamente para poder algún día tomar la palabra en su club y decir: "Una noche en Venecia paseábamos por el gran canal...". ¿No es eso? Pues no sea usted tonto. Porque diga eso ya nadie le tendrá por más culto, ni por más espiritual, ni por más sensible. Ya no se engaña a nadie con esas cosas. Quédese, pues, en su casa, nos hará usted un gran favor.

Esto le diría, y después, si no se iba, le echaría una mano al pescuezo, le arrancaría a viva fuerza la cartera repleta de libras o dólares y le arrojaría al gran canal. A ver si así se curaba de su estupidez.

Para el viajero que ama el viaje, el regreso es siempre un poco precipitado. Se ha detenido demasiado en todas partes, se ha ido quedando enganchado en todos los requerimientos.

Todavía, unas jornadas en Milán entre saludos fascistas, desfiles fascistas, partidos de *foot-ball* fascistas, discusiones fascistas y hoteleros fascistas. Nada grato todo esto. Hay que irse. Unas horas en Génova, perdido en el laberinto de sus calles estrechas y altas hasta lo inverosímil, un rato de silenciosa y humorística contemplación de las artísticas ruinas que se titulan la casa de Cristóbal Colón (es indudable que si aquí no nació Colón, por lo menos aquí pudo haber nacido, dando por supuesto que Colón naciera alguna vez y en alguna parte) y, finalmente, la travesía deliciosa del Golfo de Génova a lo largo de la Costa Azul. Mónaco, Montecarlo, San Remo, Niza, Cannes, Antibes, unas horas en el puerto de Marsella, un vermú en la Cannebière y otra vez el lomo de los Pirineos.

La ruta cumplida.

«Una prensa libre puede ser buena o mala, pero sin libertad,
la prensa no será otra cosa que mala.»
ALBERT CAMUS

Desde LIBROS DEL ASTEROIDE queremos agradecerle el tiempo
que ha dedicado a la lectura de *La vuelta a Europa en avión.
Un pequeño burgués en la Rusia roja.*
Esperamos que el libro le haya gustado y le animamos
a que, si así ha sido, lo recomiende a otro lector.

Queremos animarle también a que nos visite en
www.librosdelasteroide.com y en nuestros perfiles de Facebook, Twitter
e Instagram, donde encontrará información completa y detallada sobre
todas nuestras publicaciones y podrá ponerse en contacto con nosotros
para hacernos llegar sus opiniones y sugerencias.
Le esperamos.